hinstorff maritime miniaturen

VEB Hinstorff Verlag
Rostock

Blüsen 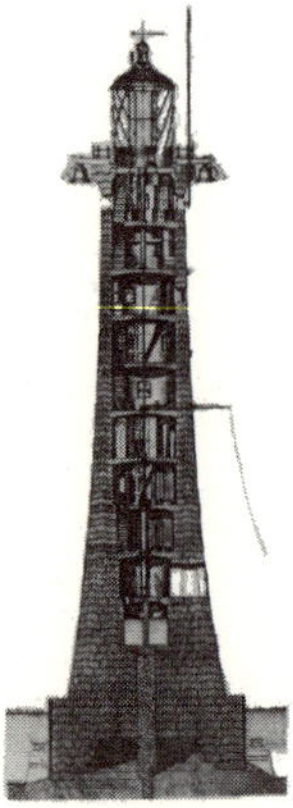 Baken

Hans-Joachim Luttermann

Feuertürme

Alter römischer Leuchtturm
zu Boulogne, erbaut unter
Caligula, zusammengestürzt
um 1640

Feuertürme der Antike

Allnächtlich durchschwamm Leander, ein griechischer Jüngling aus Abydos, den Hellespont (der antike Name der Dardanellen), um seine Geliebte Hero, eine Priesterin der Aphrodite (Göttin der Liebe, bei den Römern Venus), am gegenüberliegenden Ufer zu besuchen. In einer stürmischen Nacht erlosch die von seiner Geliebten ausgestreckte Leuchte, und Leander wurde eine Beute der Wellen. Als Hero am folgenden Morgen die angeschwemmte Leiche ihres Geliebten am Strand erblickte, stürzte sie sich schmerzerfüllt hinab in das Meer. Soweit die Sage.

In der Antike verkörperte das Lichtzeichen in Heros Hand die Feuerstelle eines Leuchtturms; Leander galt als Sinnbild eines Seemanns.

Zu dieser Zeit stand die Seefahrt in einer hohen Blüte. Das Mittelmeer war lange das Hauptgebiet des Seehandels und verband alle Völker an seinen Küsten auf das engste. Bevor sich jedoch die Schiffahrt auf die offene See wagte, folgte sie den Küstenlinien. Die Küstenschiffahrt verlangte aber erfahrene Seeleute, die die küstennahen Gewässer kannten. Zur Unterstützung der Seefahrer benutzte man bereits im Altertum neben anderen navigatorischen Hilfsmitteln *Landmarken* und *Feuertürme.* Solche Feuertürme waren der Koloß von Rhodos und der Leuchtturm Pharos von Alexandria.

Hero und Leander auf einer Medaille von Abydos

Der Koloß von Rhodos war ein überlebensgroßes Standbild des griechischen Sonnengottes Helios. Er hatte eine Höhe von 31 Metern. Diese bronzene Skulptur stand aber nur etwa 60 Jahre am Eingang des Hafens von Rhodos, dann stürzte sie,

Der Koloß von Rhodos

Der Leuchtturm von Alexandria

224 v. u. Z., bei einem Erdbeben zu Boden. Die rechte Hand, so wird berichtet, hatte ein Feuerbecken gehalten. Der Koloß von Rhodos ist eines der sieben Weltwunder der Antike. Auch der Leuchtturm Pharos von Alexandria gehört zu diesen Weltwundern. Seine Höhe reihte ihn in die antike »Wunderwelt« ein und lag, nach unterschiedlichen Angaben, zwischen 135 und 180 Metern. Maritime Notwendigkeiten und Symbolisierung von Reichtum und Macht hatten um 280 v. u. Z. zum Bau dieses Leuchtturms auf der Insel Pharos vor dem Hafen Alexandrias geführt. Da er Jahrhunderte über-

Leuchtturm La Coruña

Gedenkmedaille der Stadt Alexandria mit dem Leuchtturm Pharos (Vorder- und Rückseite)

dauerte, ist seine Existenz mehrfach belegt. Er ist der erste nachgewiesene *Leuchtturm*, den wir kennen. Strabo, ein griechischer Geograph (65 v. u. Z. bis 24 u. Z.), schrieb über den antiken Leuchtturm: »... es ist aber auch das Vorgebirge selbst der Insel ein meerumspülter Fels, der einen kunstreich erbauten Turm aus weißem Stein mit vielen Stockwerken trägt, er heißt ebenso wie die Insel. Diesen entwickelte Sostratos aus Knidos, ein Freund der Könige, um der Wohlfahrt der Schiffenden willen, wie die Inschrift sagt. Denn da auf beiden Seiten die Küste hafenlos und niedrig ist, auch Klippen und Untiefen hat, so bedurfte es eines hohen und glänzenden Zeichens für die vom hohen Meere Heranschiffenden, daß sie den Eingang in den Hafen erlangen konnten.«

Der Leuchtturm hatte einen quadratischen Grundriß, die Seitenlängen betrugen etwa 190 Meter. Das mächtige palastartige Bauwerk war an jeder Ecke durch einen Turm begrenzt. In seiner Mitte erhob sich der 60 bis 80 Meter hohe vierekkige Leuchtturm, der sich nach oben hin

Medaillen des Antonius Pius und des Nero mit dem Hafen von Ostia

Medaille des Commodus mit dem Hafen von Boulogne

Teil eines Reliefs, in Ostia gefundener Sarkophag

Der römische Hafen Ostia, Basrelief

verjüngte und Schmuckelemente trug. Ein schmaler, vermutlich achteckiger Turmaufbau bildete die steinerne Plattform für eine runde Säulenhalle, die nach allen Seiten hin geöffnet war. Durch diese Öffnungen konnte nachts der Schein des darin brennenden Holzfeuers, am Tage Rauch, den Weg über das Meer nehmen. Die abschließende obere Verzierung dieses riesigen Bauwerks, so wird vermutet, war eine Statue des Meeresgottes Poseidon auf einem pyramidenförmigen Turm über der Säulenhalle. Im vierten Jahrhundert beschädigte ein Erdbeben den Leuchtturm. Danach soll auf ihm kein Leuchtfeuer mehr gebrannt haben. Mitte des 7. Jahrhunderts fand er wegen seiner weißen Farbe noch als Tagesleuchtturm (Tagesmarke) Erwähnung. Nach einem Erdbeben im 10. Jahrhundert blieb nur noch ein Viertel von ihm erhalten. Zu Beginn des 14. Jahrhunderts wurden Teile des ehemaligen Weltwunders als Baumaterial verwendet, bevor ein Erdbeben 1326 sein Schicksal endgültig besiegelte.

Der Leuchtturm von Ostia

Nach nicht bestätigten Annahmen soll es im Altertum 250 bis 350 Leuchtfeuertürme gegeben haben. Heute sind uns nur noch einige wenige davon namentlich bekannt. Eine Münze, geprägt unter Sixtus Pompeius (75 bis 35 v. u. Z.), zeigt z. B. den Leuchtturm von Messina. Es gibt aber auch Leuchttürme, die heute noch erhalten sind, wie der von Coruña an der nordwestlichen Atlantikküste Spaniens. Der 40 Meter hohe Leuchtturm von Coruña, die sogenannte Herkulessäule, soll der Sage nach ein Turmbauwerk der Phönizier sein (1000 bis 800 v. u. Z. erbaut). Es ist der einzige Turm aus der Römerzeit, der heute noch steht und funktionstüchtig ist. Das Bauwerk wurde verschiedentlich gründlich überholt, so in der Regierungszeit des römischen Kaisers Trajan (98 bis 117) und am Ende des 18. Jahrhunderts.

Die Seeverbindungen des alten Rom reichten bis nach Spanien, Gallien und Germanien. Roms Schiffe beförderten Gewürze, Seide, Hölzer, Wein, Gold, Getreide und Sklaven. Für die sichere Fahrt übers Meer konnten sich die Schiffsführer nach Leuchttürmen orientieren, die an vielen Küsten errichtet waren. Zu den berühmten antiken Leuchttürmen gehören die von Chrysopolis, Abydos, Ostia, Frejus, Lion, Marseille, Ravenna, Boulogne und Dover. Fast jeder größere römische Hafen hatte seinen Leuchtturm. Noch heute befinden sich in Frejus und Dover Ruinen der einstigen Leuchttürme.

Auch am Bosporus und am Schwarzen Meer existierten im Altertum Leuchtfeuer. Heute sind sie zerfallen, oder sie mußten neuen Leuchttürmen weichen.

Leghorn – Leuchtturm, 1158 von der Stadt Livorno erbaut

Leuchtturm Dover
erbaut zur Zeit
des Römischen Reiches

Für die offene Befeuerung der Leuchttürme nutzte man harzhaltiges Holz, mit Pflanzen- oder Mineralöl gespeiste antike Lampen oder auch Wachs- bzw. Talgkerzen (etwa seit 300). Von Laternen war noch nicht die Rede, und über Reflektoren wie Metall- oder Glasspiegel für Leuchtfeuer gibt es keine eindeutigen Überlieferungen. Wir wissen aber, daß den Griechen die Wirkungen des Brennglases und des Brennspiegels bekannt waren und daß sich Euklid um 300 v. u. Z. bereits mit optischen Erscheinungen beschäftigte.

Man kann heute davon ausgehen, daß

die Unterstützung der Seefahrer durch die antiken Leuchtfeuer sich auf eine durchschnittliche Entfernung von zwei bis drei Seemeilen beschränkte.

Feste Seezeichen im Mittelalter (5. bis 15. Jahrhundert)

Nach dem Untergang des Römischen Reiches im 5. Jahrhundert trat der Islam seinen Siegeszug an. Die Araber, Träger dieser Religion, besetzten große Teile der damals bekannten Welt. Nach Westen und nach Osten hatten sie sich ausgebreitet. Der Mittelmeerraum wurde von ihnen beherrscht, und über den Indischen Ozean hinweg knüpften sie Verbindungen mit Indien und China. Europa war zu dieser Zeit in seiner Entwicklung zurückgeblieben. Das änderte sich nur langsam. Zögernd kamen Handel und Wandel in Bewegung. Und so drang die Kunde von dem Reichtum des Orients nach Europa. Feudale Herrscher und das Papsttum wollten diese Reichtümer an sich reißen. Indem sie zu den Kreuzzügen gegen die „Ungläubigen" aufriefen, brachten sie viele Menschen in Bewegung. Schiffsraum für die Beförderung der Kreuzfahrer stellten italienische Seestädte bereit, da diese erheblichen Profit witterten. Von ihnen war auch der Handel mit außereuropäischen Gebieten ausgegangen. Die Seefahrt erlangte eine immer größere Bedeutung, Anzahl und Größe der Schiffe wuchsen. Dem zunehmenden Seeverkehr entsprachen auch die gestiegenen Bedürfnisse nach einer sicheren und unfallfreien Schiffahrt. Die erstarkten und reichen italienischen Stadtrepubliken waren wirtschaftlich so auch in der Lage, Leuchttürme errichten zu lassen.

La Laterna,
1139 von der Stadt Genua erbauter Leuchtturm

Nach erhalten gebliebenen Urkunden ist der älteste befeuerte Leuchtturm dieser Zeit 1154, fünf Seemeilen von Pisa entfernt, auf der kleinen Insel Meloria erbaut worden. Die rivalisierende Stadtrepublik Genua zerstörte ihn zweimal, und zweimal errichtete Pisa ihn wieder. Als Pisa die Insel Meloria und damit den Leuchtturmstandort verlor, wurde ab

1304 das *Leuchtfeuer* auf dem 1158 errichteten Leghorn-Leuchtturm im Süden des Hafens von Livorno unterhalten. Letzterer ist heute noch einer der wichtigsten Leuchttürme Italiens. Auch Genua besaß seit 1139 eine Tagesmarke, auf der aber erst 1326 ein Feuer entzündet wurde. Sein heutiges Aussehen hat der Leuchtturm seit 1543. Diese Türme wurden mit Kerzen oder ölgespeisten Dochtlampen befeuert.

Venedig und Neapel zählten ebenfalls zu mittelalterlichen Leuchtfeuerstandorten. Aber auch der Norden Europas gewann für den Handel und die Schiffahrt zunehmend an Bedeutung. Vom 12. Jahrhundert an schlossen sich Kaufleute von Städten der Nord- und Ostsee zu einer Wirtschaftsgemeinschaft, der Hanse, zusammen. Die rasche wirtschaftliche Entwicklung ließ auch Städte verschiedener Binnenländer zur Hanse stoßen.

Der Warenaustausch mit den Handelspartnern des Mittelmeeres wurde vor allem über die Umschlagpunkte Lissabon und Brügge abgewickelt. Auf dem Seewege gelangten bedeutend mehr Güter in den Mittelmeerraum, als es über Land möglich gewesen wäre. Die immer mehr florierende Handelsschiffahrt benötigte natürlich auch hier Sicherheit und zuverlässige Navigationshilfen. Es entstanden an den Küsten markante Profanbauten und Leuchtfeuer. Die authentischen Nachweise von Leuchtfeuern an der Ost- und Nordsee reichen bis ins 13. Jahrhundert zurück: Lübeck errichtete 1226 Feuer bei Falsterbo und Travemünde, Hamburg 1286 auf Neuwerk, Stralsund 1306 auf Hiddensee, Wismar 1266 auf der

Insel Lieps und Rostock 1349 in Warnemünde. Diese Feuer wurden von den Hansestädten auch regelmäßig unterhalten.

Das Falsterboer Feuer soll das erste in Nordeuropa gewesen sein. Es wurde während der Regierungszeit des Dänenkönigs Waldemar II., Anfang des 13. Jahrhunderts, durch Lübecker Bauleute eingerichtet. Die Urkunde über den Bau dieses Leuchtturms trägt leider kein Datum. Zu den Vorläufern der heutigen europäischen Leuchtfeuer zählen die schwedischen Leuchtfeuer Kullen und Nidingen, die um 1223 gebaut wurden, und St. Edmund's Chapel bei Norfolk in England,

Leuchtturm Kõpu (Dagerort, Baujahr 1531)

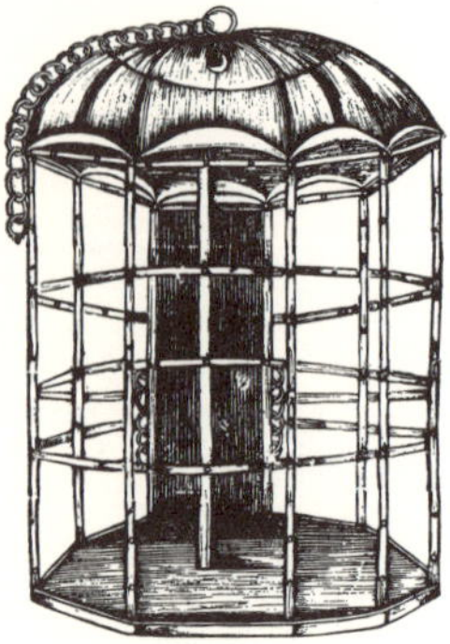

Feuerkorb des ersten Leuchtturms von Warnemünde (um 1400)

um 1270 errichtet. Hierzu müssen auch die Feuertürme von Dieppe in Frankreich, Spurn Point in England, Hel an der Ostsee und Cordouan in Frankreich gerechnet werden.

Obwohl die Linse etwa seit 1300 bekannt ist, spielte sie für die damaligen Seezeichen noch keine Rolle. Für die Befeuerung auf den bis zu 30 Meter hohen Gerüsten und Türmen wurden Holz, Kerzen, Öllampen und auch Steinkohlen verwendet. Diese Bauten mit offenem Feuer werden als *Blüsen* bezeichnet. Kohlen waren als Brennmaterial für die Blüsen in England seit dem 9. Jahrhundert und in Deutschland ab 1113 bekannt. 1323 wurde erstmals eine Laterne mit Glasfenstern für die Kerzenbefeuerung des englischen Leuchtfeuers St.-Catherine-Point (Isle of Wight) erwähnt.

Außer den Leucht- oder Seetürmen gab es im Mittelalter auch unbefeuerte Baken. Diese *Baken*, auch *Kapen* genannt, bestanden aus hohen, oft komplizierten Balkengerüsten, wie sie in der Wesermündung errichtet wurden. Baustoff war Eichen- oder Fichtenholz. Obwohl diese Konstruktionen jedes Frühjahr mit Teer gestrichen wurden, hatten sie nur eine Lebensdauer von zehn bis 30 Jahren. Als Toppzeichen verwendete man Kegel, Dreiecke, Lattenecke, kugelförmige Weidenkörbe, Kugeln mit Wetterfahnen, Kugeln und würfelförmige Kästen.

Als Baken bezeichnete man lange Zeit alle Seezeichen, selbst Leuchtfeuer und Kirchen. Später erst fanden die differenzierenden Begriffe wie *Pricken, Kopfbaken* und *Kapen* Eingang in die Fachsprache. Diese wenigen und noch sehr primitiven

Einrichtungen befanden sich in der Verantwortung der einzelnen Seestädte. Die jeweilige Behörde für die Errichtung und Unterhaltung der Seezeichen bildete ein Gremium, das aus einzelnen Ratsmitgliedern bzw. Kaufleuten und Schiffern rekrutiert war. Einer dieser »Deputierten« der Bürgerschaft wurde als verantwortlicher Leiter eingesetzt. Ihm unterstand der sogenannte *Barsenmeister* (etwa bis zum 17. Jahrhundert, vor allem an der Nordseeküste), welcher ihm für die Besorgung der Tonnen, Baken und Kapen rechenschaftspflichtig war. Die Verwaltung des Seezeichenwesens gehörte zur Kämmerei der einzelnen Seestädte (z. B. Hamburg, Rostock, Stralsund).

Sowohl die Handelsherrschaft der Hanse als auch die im 15. und 16. Jahrhundert gewachsene Konkurrenz englischer und holländischer Kaufleute beeinflußten die Entwicklung fester Seezeichen in West- und Nordeuropa. Das Schwergewicht der technischen Verbesserungen an den Seezeichen verlagerte sich mehr und mehr von Südeuropa nach Nordeuropa.

Die Entwicklung fester Seezeichen zwischen dem 16. und 19. Jahrhundert

Die Botschaften von dem unermeßlichen Reichtum des fernen Asien drangen bis nach Europa und nährten über Jahrhunderte das Verlangen, sich diese Schätze anzueignen. Den Landweg kontrollierten aber die Türken und Araber. So suchte man den Seeweg nach Indien. Die Erfolge stellten sich am Ende des 15. Jahrhunderts ein. Der Portugiese Bartolomeu Diaz umfuhr die Südspitze Afrikas, aber erreichte nicht Indien. Er mußte umkehren. Erst seinem Landsmann Vasco da

Gama sollte wenige Jahre später der Erfolg beschieden sein. Der Italiener Kolumbus, unter spanischer Flagge fahrend, erreichte, nach Westen segelnd, Amerika, und nicht, wie er glaubte, Indien. Mit diesen Entdekkungsreisen begann die eigentliche atlantische Seefahrt.

Dadurch, daß ferne und weite Meere erschlossen wurden, in die und über die der weltweite Handel getragen wurde, rückte die Schiffahrt in der Nord- und Ostsee, ebenso wie die des Mittelmeeres, in den Hintergrund. Die Hansestädte sahen sich zunehmend isoliert. Die Verlagerung des Handels auf atlantische Routen und die Folgen des Dreißigjährigen Krieges führten zum Niedergang der

Feuerwippe (um 1635)

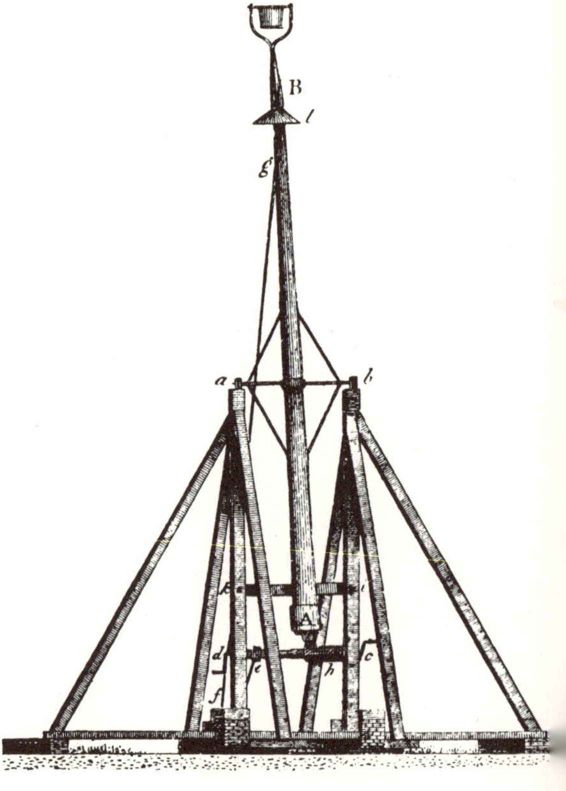

Hanse, auch wenn noch ausländische Kaufleute über die Niederlande in die Hansestädte kamen, sich viele Italiener dort niederließen und nordeuropäische Schiffe in ihren Diensten hatten. England und die Niederlande wurden zu starken Konkurrenten.

In dieser Zeit gab es in Nordeuropa erstmals Bemühungen, das Seezeichenwesen unter staatliche Kontrolle zu bringen. Verbesserungen im Interesse einer sicheren Navigation setzten sich aber nur langsam durch. Es wurde damit begonnen, die Leuchtkraft der festen Navigationshilfen zu verstärken. Leuchtfeuer entstanden fast gar nicht. Zu den Ausnahmen gehörten die Leuchtfeuer North Foreland (1505), England, Goeree (1512), Niederlande, Dagerort (1531), Estland Anholt (1561), Dänemark, und Terschelling (1594), Niederlande.

Diese Leuchtfeuer zeigten ein gleichmäßiges und ununterbrochenes Licht, d. h. sie brannten fest und befanden sich zur Unterscheidung weit genug auseinander. Auf den meist aus Stein errichteten Leuchtfeuerbauwerken brannten Kerzen in Laternen. Die Tragweite des Lichtes betrug zwei bis drei Seemeilen. Aus der Zeit zwischen 1100 und 1700 sind heute etwa 60 Leuchtfeuer bekannt. Frühe Informationen über eine staatliche Regelung des Seezeichendienstes stammen aus England, wo Heinrich VIII. eine maritime Gesellschaft gründen ließ. 1536 wurden von Heinrich VIII. die Aufgaben dieser Gesellschaft zur Pflege vorhandener und zur Einrichtung neuer Leuchtfeuer umrissen. Offensichtlich waren diese Festlegungen aber nur von lokaler Bedeutung, denn erst unter Elisabeth I. gab es einen Erlaß (1566), der besagt, daß sich die Errichtung und Erhaltung von Seezeichen und Landmarken auf England und Wales beziehen. Diese staatliche Verordnung ist aber nicht die älteste in Nordeuropa. Schon 1550 hatte Schweden ein ähnliches Dokument geschaffen. Es regelte unter anderem die Errichtung von Leuchtsignalstellen und Landmarken sowie die Bezeichnung der Fahrrinnen durch Wippen (Wippfeuer). Die ersten ur-

Leuchtturm Cordouan (nach einer Zeichnung aus dem Jahre 1612)

Leuchtturm Cordouan

kundlich erwähnten dänischen Wippfeuer auf Skagen und Anholt gehen auf das Jahr 1561 zurück. Das Wippfeuer auf Kap Kullen (Schweden) wurde 1563 erstmals erwähnt. Diese Feuer leiteten eine neue Periode des Leuchtfeuerbaus und eine fast 300jährige Befeuerung durch Steinkohlen ein.

Die *Feuerwippen* oder *Wippfeuer* bestanden aus einem hölzernen Gerüst mit einem Mast (Seite 18, in der Zeichnung A–B), welcher um eine horizontale Achse (a–b) drehbar gelagert und oben mit einer eisernen Gabel versehen war, in welcher der Feuerkorb hing. Der obere Teil des Mastes war mit Eisen beschlagen, und ein konisches Schutzblech (l) wies

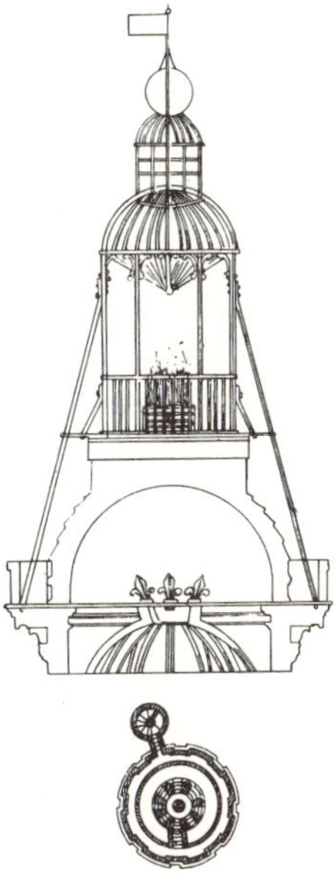

Die 1717 dem Leuchtturm von Cordouan aufgesetzte eiserne Laterne

die fallenden glühenden Zünder von dem Mast ab. Am Gestell war eine Winde (c–d) befestigt, die zwei entgegengesetzt aufgewundene Zugtaue (e–f–g) und (g–h) trug. Das Tau (g–h) war am Unterteil des Mastes (A) befestigt; das Tau (e–f–g) lief über eine Rolle am Erdboden entlang und dann zum Oberteil des Mastes (A). In seinem oberen Teil bestand es aus einer Kette. Diese Einrichtung erlaubte es, durch eine Rechts- oder Linksdrehung der Winde den Mast niederzuholen oder aufzurichten. Aufgerichtet, wurde er an einem Querbalken (i–k) mit Hilfe eines Überfallbügels befestigt. Außerdem war der Mast durch ein Gegengewicht (A) ausbalanciert.

Um die Navigationshilfen zu verbessern, verstärkte man die Lichtquellen. Auf dem Leuchtfeuer Panium (am Bosporus) brachte man 20 Öllampen unter (1595). Auf einem Turm auf dem Gollenberg bei Köslin (Koszalin) richtete man ein poliertes Becken ein, vor dem Kerzen aufgestellt waren (1532). Das erste Zwillings- oder Doppelfeuer befand sich in England (North Shields). Zwei Türme, die unterschiedlich hoch waren und zur Unterscheidung von See aus ausreichend entfernt voneinander standen, um Verwechslungen auszuschließen, nahmen die Lichtquellen auf (1536). Aber auch Neubauten wie auf Borkum (1576) und Cordouan (1584) gehörten dazu. Der Cordouan-Leuchtturm, vor der Garonne-Mündung auf einer kleinen felsigen Insel erbaut, war und bleibt sicherlich das hervorragendste und prächtigste Monument maritimer Baukunst. Unter Heinrich III. von Louis de Foix 1584 begonnen, wurde der Leuchtturmbau unter Heinrich IV. fortgesetzt und nach dem Tode des Baumeisters (1611) von François Boucher vollendet. Äußerlich mit vielen Säulen und Figuren versehen, innen wie ein Palast gestaltet, glich er wenig einem technischen Bauwerk, das den Seefahrern den sicheren Kurs weisen sollte. Umfangreichen Reparaturen an der Fassade, dem Neubau der Kuppel (1717) und dem Aufbau einer eisernen Laterne für Steinkohlenfeuer (die steinernen Pfeiler des alten Leuchtturmkopfes waren vom offenen Holzfeuer zerstört worden) folgte 1788/89 ein genereller Umbau des Gebäudes. Das Bauwerk wurde um 20 Meter erhöht und ihm die einem Leuchtturm gemäße Form gegeben, die es noch heute hat.

Feuerblise auf Neuwerk (um 1751)

Der Cordouan-Leuchtturm spielte später in der Geschichte der Lichtgeber und Leuchtapparate noch einmal eine Rolle. Dafür waren jedoch wissenschaftliche Vorleistungen erforderlich. Doch zu jener Zeit hatten die Erkenntnisse von Kepler, Snell, Cartesius und Newton noch keine praktischen Auswirkungen. So untersuchte Kepler 1604 den Durchgang der Lichtstrahlen durch brechende Medien und entdeckte schließlich 1611 die Totalreflexion. Snell fand 1618 das Sinusgesetz für die Lichtbrechung, und Cartesius und Newton förderten die Kenntnisse von den optischen Gesetzen. Newtons Werk über die Optik (1704) bildete gewissermaßen den krönenden Abschluß dieser Entwicklungsetappe.

Aus England ist eine Nachricht erhalten geblieben, daß 1616 auf Dungeneß das erste Steinkohlenfeuer in Betrieb genommen wurde. An den Nordseeküsten

(Holland, Deutschland, Dänemark) entwickelten sich die Lichtgeber der festen Navigationshilfen später. Noch beherrschten Kerzen-, Öl- oder Tranlampen das Feld. Auf dem Wangerooger Turm verwendete man z.B. noch von 1602 bis 1630 in glasscheibengeschützten, vierkantigen Lampen Kattun-Dochte mit Pflanzenöl. Erst ab 1631 brannte dort ein Steinkohlenfeuer. Diese Befeuerungsart blieb bis 1830 erhalten; es war das letzte Steinkohlenfeuer an der Nordsee.

Auf den Leuchtfeuern Skagen (1623) und Falsterbo sowie auf den Inseln Laesö

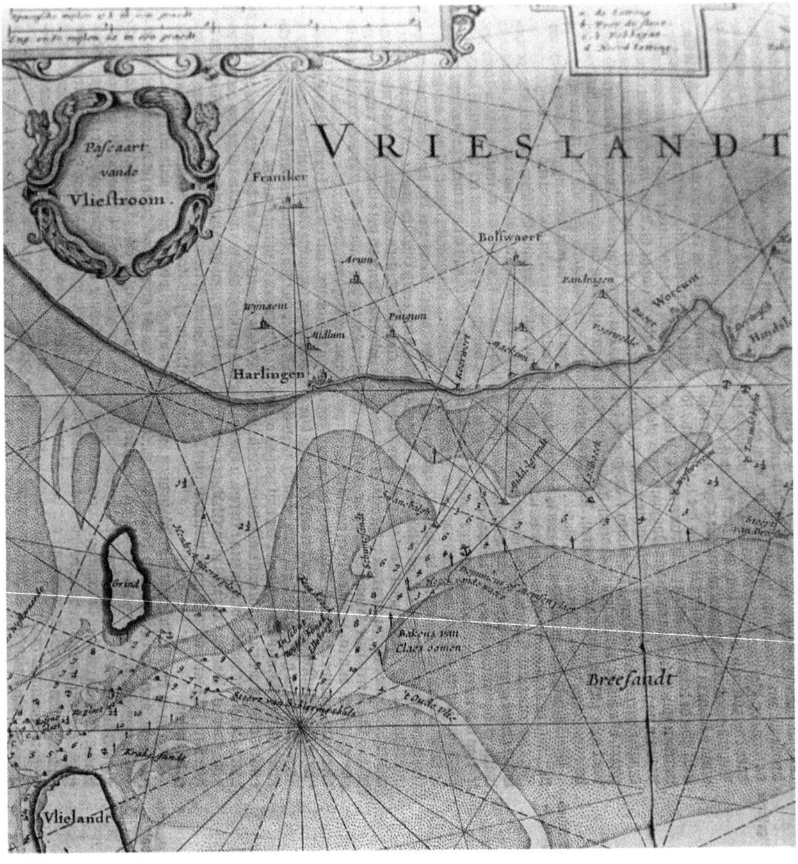

Holländische Seekarte (um 1658), nicht eingenordet, Vlieland, unten links, gehört zu den Westfriesischen Inseln

und Nidingen im Kattegat (1629 bzw. 1630) waren die Umstellungen auf die neuen Lichtquellen schon abgeschlossen. Teer und Pech befriedigten auf die Dauer nicht. Auch Versuche mit Tran aus Fischleber hatten wenig Erfolg, und der Transport von Holz, z. B. nach Skagen über 30 Kilometer, war zu aufwendig.

Die Befeuerungsbasis an anderen europäischen Küsten bestand oft aus eisernen Körben oder Schachtherden, die frei in einer erhöhten Feuerstelle oder auf der Plattform eines Turmes bzw. Holzgerüstes untergebracht waren. In Höhen bis zu 20 Metern waren sie Wind und Wetter ausgesetzt. Zwischen diesen Körben oder Herden und dem Bauwerk befand sich eine Zwischenschicht aus Lehm oder Backsteinen, die das Übergreifen der Flammen auf die Türme verhindern sollte. Der ganze Bedarf für die Nacht mußte nicht selten in einer Schüttung aufgegeben werden. *Blüsenmeister* und *Feuerknechte* hatten bis zu 16 Stunden ununterbrochen schwere Arbeit zu leisten. Sie mußten das Feuer bewachen, versorgen, Kohlen schleppen, bei Flaute das Feuer mit dem Blasebalg unterhalten und schließlich die Asche beseitigen.

Wegen der hohen Kosten wurde in manchen Sommermonaten bei guten Sichtverhältnissen nicht geblüst. Auch im Winter bei anhaltendem Frost, wenn die Segelschiffahrt ruhte, wurde die Befeuerung eingestellt. Feste Feuerzeiten gab es z. B. für Wangerooge von Michaelis (29. 9.) bis Advent und von Fastnacht bis Ostern.

Die grobe Steinkohle wurde aus Schottland bezogen, da diese einen hohen Bitumengehalt hatte. Zum Anlegen und Ein-

Eddystone – Leuchtturm
(1698)

roden verwendete man Holz und Torf. Die deutsche Kohle hatte keine genügend hohe und klarleuchtende Flamme. Der Verbrauch war von der Größe des Feuerkorbs und der Wetterlage abhängig. Das Feuer auf Helgoland (seit 1630) verbrauchte im Feuerkorb mit einer lichten Weite von 0,73 Meter durchschnittlich 180000 Kilogramm in der »Saison«. Wenn ganzjährig geblüst wurde, waren etwa 1000000 Kilogramm erforderlich. Beim Leuchtfeuer Borkum (1780–1817) benötigte man in einer Nacht bei Windstille 400 Kilogramm, bei mäßigem Wind 500 Kilogramm und bei starkem Wind bis zu 750 Kilogramm Steinkohle. Nach Überlieferungen sollen dänische und schwedische Steinkohlenfeuer noch wesentlich mehr verbraucht haben. Trotz der hohen Kosten verdrängte dieser neue Betriebsstoff ab etwa 1650 in vielen Leuchtfeuern die Kerzen.

Die offensichtlichen Mängel der Steinkohlenfeuer bei Wind – flackernde, »zerrissene« Flammen und Schwankungen der Leuchtintensität – führten 1680 zu einem Experiment auf den englischen Scilly-Inseln. Auf einem Feuerturm wurde um das Feuer eine oben offene gläserne Schutzwand aufgebaut, die die erste Wucht des Windes abhalten sollte. Es vergingen jedoch noch fast 100 Jahre, bis sich eine entscheidende Verbesserung ergab. Neben dem Versuch, die Erkennbarkeit und Lichtintensität zu stabilisieren, sind aus England und Schweden (Ende des 17. Jahrhunderts) Neuerungen bekannt geworden, die sich auf die Unterscheidung der Leuchtfeuer bezogen. So baute man in England 1675 das erste *Richtfeuer* (zwei verschieden hohe Feuer hintereinander) auf Spurn Point. Schweden entwikkelte 1667 Scheinwerfer aus blankem Messingblech oder Zinn für Öllampen, die auf den Leuchtfeuern Orskär (1667) und Landsort (1669) eingesetzt wurden.

Ausgangs des 17. Jahrhunderts kam es zum Bau des bemerkenswerten englischen Leuchtturms Eddystone auf der gleichnamigen gefährlichen Klippe (etwa 26 Kilometer südwestlich von Plymouth). Der Bauherr Winstanley, der auch Eigentümer des Eddystone-Felsens war, trieb von vorüberfahrenden Schiffen Leuchtfeuergebühren ein.

Eddystone – Leuchtturm (1709)

Eddystone – Leuchtturm (1759)

Eddystone – Leuchtturm (1883)

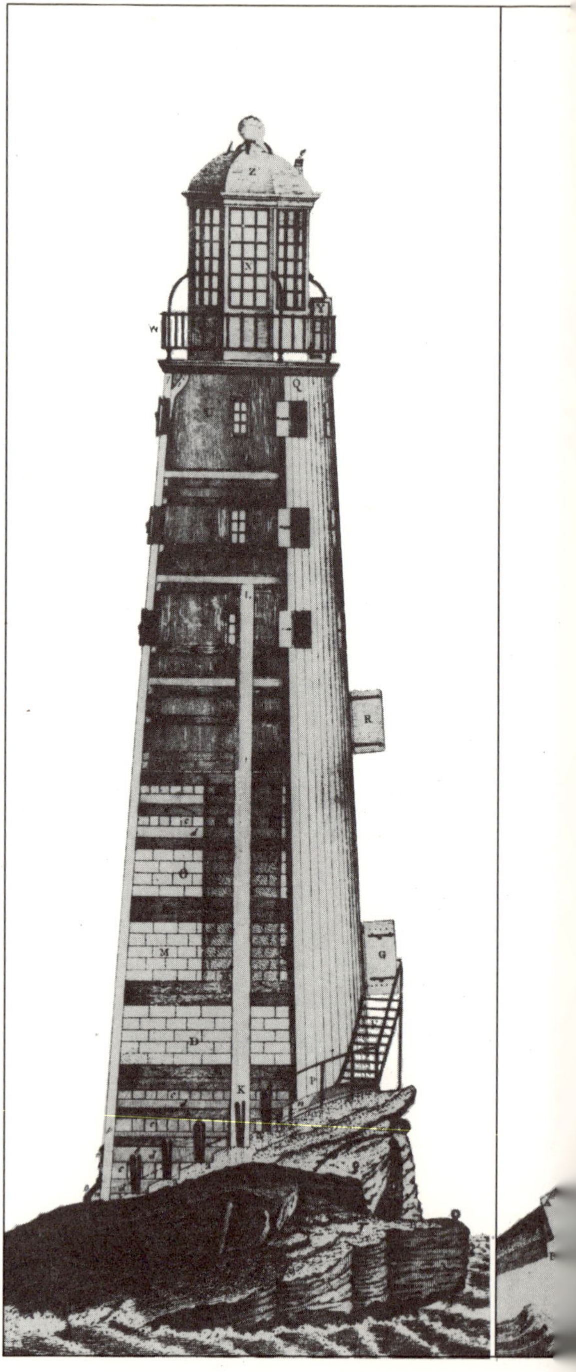

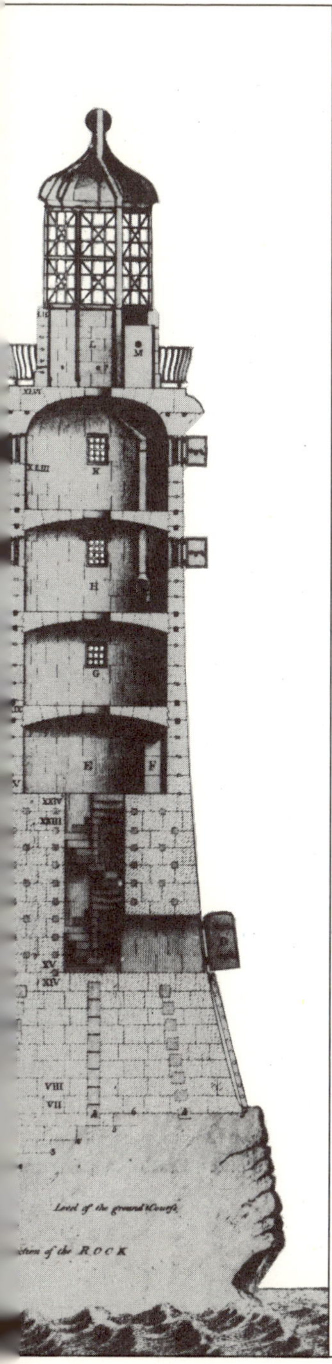
L
M
K
H
G
E
F
XXIV
XXIII
XV
XIV
VIII
VII
Level of the ground Course
ction of the ROCK

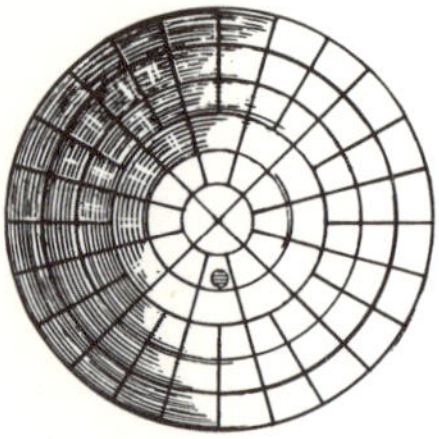

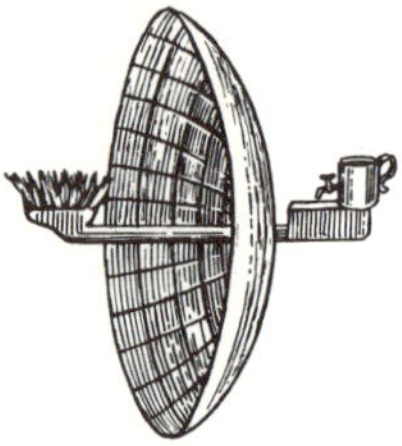

Facetten-Reflektor (1763)

Von 1696 bis 1698 ließ er einen 18 Meter hohen hölzernen Leuchtturm errichten. Da die Wogen die Lichtquelle (Kerzen) erreichten und sie zum Verlöschen brachten, wurde der Turm auf 36 Meter erhöht. Der niedrige, etwa 20 Fuß (1 Fuß, engl. = 30,5 cm) messende massive Unterbau erhielt eine Verstärkung. Doch dieser Bau auf dem Küstenfelsen hielt nur fünf Jahre der gewaltigen Kraft des Meeres stand. Als 1703 ein Orkan den Leuchtturm in die See riß, verschwand mit ihm auch sein Baumeister, der sich zufällig an Ort und Stelle befand.

Die Erfordernisse einer sicheren Schifffahrt führten an dem belebten Schiffsweg zwischen England und Frankreich zur Errichtung eines zweiten Bauwerks auf der Klippe. Der Bau begann bereits drei Jahre nach der Katastrophe am 1. Juli 1706. Dieses Mal zeichnete der Londoner Seidenhändler John Rudyerd für das Projekt und den Neubau verantwortlich. Auch er benutzte Holz als Baumaterial, hatte aber die Mängel des ersten Bauwerks erkannt; er ließ das Unterteil des runden Turmes bis fast zu Hälfte der Turmhöhe massiv ausführen und den Felsen treppenförmig bearbeiten. Von außen wurde der Turm faßartig mit sechszölligen (1 Zoll, engl. = 2,54 cm) Eichenplanken umgeben, um kein Wasser eindringen zu lassen. Am 28. Juli 1708 leuchtete das Kerzenlicht wieder für die Seeleute. Nach 47 Jahren brannte der hölzerne Leuchtturm, entzündet durch die eigene Lichtquelle, ab.

Mit dem Bau eines dritten Leuchtturmes an gleicher Stelle wurde nicht lange gewartet. Der dritte Gründer eines

Leuchtturms auf dem Eddystone-Rock hieß John Smeaton, ein englischer Ingenieur, dessen Begegnung mit dem Seezeichenwesen hier nicht die einzige bleiben sollte. Auch er bemühte sich durch Bearbeitung des Felsens um eine solide Basis für den Leuchtturm. Der Bau wurde am 12. Juni 1757 begonnen. Aufgemauert bis auf 20 Meter, verjüngte sich das Bauwerk vom Baugrundbereich im Durchmesser von acht bis auf vier Meter. Ab 16. Oktober 1759 warnte sein Licht in der eisernen Laterne vor den Eddystone – Rocks. Dieses Bauwerk wurde zum Vorbild aller Klippentürme. Der Leuchtturm stand bis 1883. Zu diesem Zeitpunkt existierte schon ein weiterer auf dem dortigen Felsen. Er stand allerdings nahezu 40 Meter vom alten Turm entfernt. Der Fels war vom Meer unterwaschen und gefährdete die Sicherheit des Smeaton-Bauwerkes.

Sir James Douglas hieß der Erbauer des letzten, noch heute existierenden Eddystone-Leuchtturmes, der am 18. Juni 1883 seiner Bestimmung übergeben wurde. Mit einem Unterbau von 13,6 Metern Durchmesser, einem Mauerwerk mit einer nach oben hin abnehmenden Stärke von 2,90 bis 0,90 Metern und einer Höhe von 40 Metern steht er seinem Vorgänger als maritimes Monument in nichts nach. Vom vorletzten Eddystone-Leuchtturm ist nur noch der massive Unterbau zu erkennen.

Auch in Übersee baute man zu dieser Zeit Feuertürme. Nachdem in Brasilien 1661 bei Contejuba der vermutlich erste Leuchtturm Amerikas errichtet war, erhielt Nordamerika 1716 sein erstes

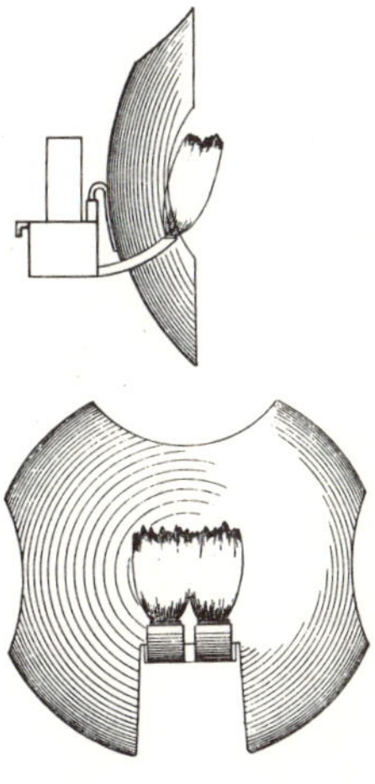

Sphärischer Reflektor mit Öllampe, La Heve (1781)

Leuchtfeuer auf der Insel Little Brewster bei Boston.

Leuchttürme befanden sich damals an vielen europäischen Küsten. An der Donmündung brannte das erste befeuerte feste Seezeichen Rußlands um 1702. An Estlands Küste standen die Leuchttürme Kokskär (Keri) seit 1719, Pakkerort (Pakri) seit 1724, das Ober- und Unterfeuer Hogland seit 1723 und Seiskar seit 1725. 1727 entstand in Dänemark das Halskov-Kohlenfeuer, und im Jahre 1747 erhielt Skagen einen Leuchtturm mit Kohlenfeuerung.

Um 1750 brannten die meisten Feuer ganzjährig. Ihre Tragweiten waren aber mit fünf bis sechs Seemeilen noch verhältnismäßig gering.

Versuche mit zwei Kohlenblüsen, die nebeneinander, oder zwei Öl- oder Kerzenlampen, die übereinander angeordnet waren, sollten dazu beitragen, Leuchtfeuer besser unterscheiden zu können. In Neufahrwasser errichtete man 1775 zwei verschieden hohe Kohlenblüsen hintereinander als Richtfeuer.

Der Gründer der ersten sächsischen Glashütten, der Graf von Tschirnhaus (1651–1708), stellte Brenngläser mit einem Durchmesser von 86 Zentimetern und einer Brennweite von 3,8 Metern her. Diese Brenngläser und die Erfindung des Photometers, mit dem die Stärke der Lichtquelle gemessen und die Lichtintensität festgestellt werden konnten, waren wichtige Schritte bei der Weiterentwicklung der Leuchtfeuertechnik. Die Verbesserung der Lichtquelle und der Optik waren zwei markante Entwicklungsschwerpunkte im 18. Jahrhundert.

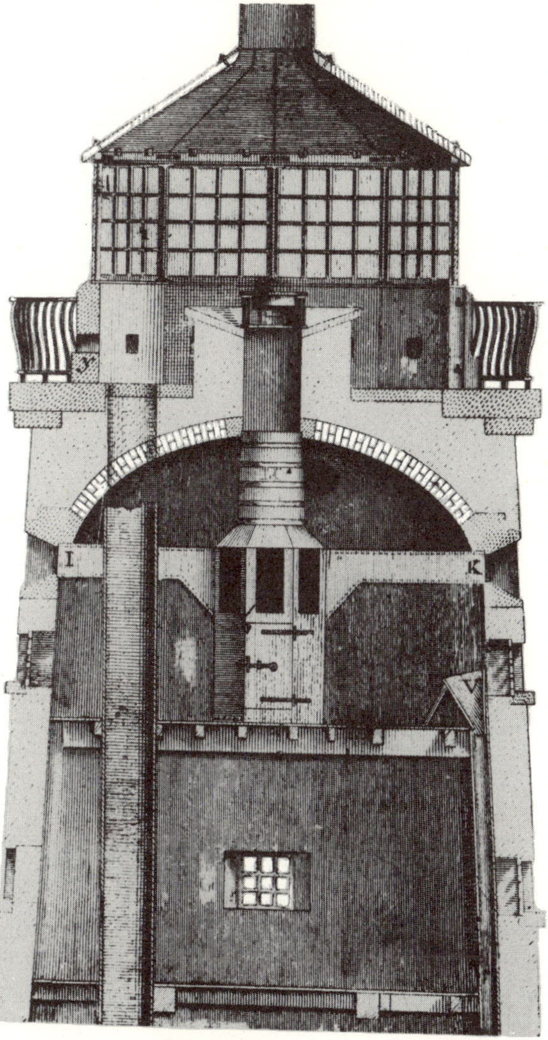

Leuchtturm von Spurn Point

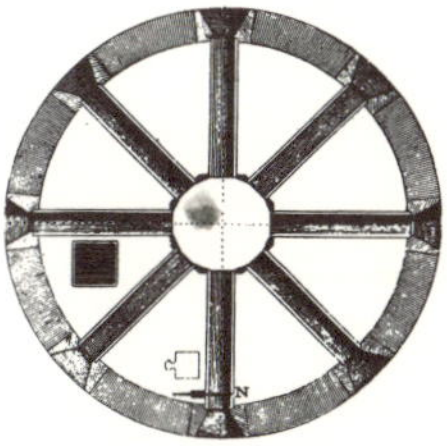

Steinkohlenfeuer in der Laterne auf dem Leuchtturm von Spurn Point (Grundriß)

In der zweiten Hälfte des 18. Jahrhunderts strebten Ingenieure und Wissenschaftler nach technischer Vervollkommnung der Seezeichengeräte. So wurden im Jahre 1745 Versuche gemacht, Öllampen mit kleinen muschelförmigen Scheinwerfern auszustatten.

Der Erbauer des dritten Eddystone-Leuchtturms entwickelte 1776 auf Spurn

Point das erste Steinkohlenfeuer in einer geschlossenen Laterne mit Zugregulierung. 1763 verwendete man nach Angaben des Liverpooler Dockmeisters Hutchinson erstmalig Hohlspiegel. Diese waren aus kleinen ebenen Spiegeln aus versilbertem Glas zusammengesetzt. Der Franzose Lavoisier wies 1765 nach, daß diese Spiegel eine Parabolform erhalten müßten. Seinen Erkenntnissen zufolge faßt ein parabolischer Reflektor, in dessen Brennpunkt sich ein leuchtender Punkt befindet, alle von ihm ausgehenden Lichtstrahlen zusammen und sendet das Lichtbündel in eine bestimmte Richtung, parallel zur Parabelachse, aus.

Im Jahre 1768 wurde in Schweden ein Drehapparat erfolgreich auf dem Leuchtturm Orskär erprobt. Der mechanisch angetriebene Apparat bestand aus vier be-

Leuchttürme auf Arkona (errichtet 1827 und 1902)

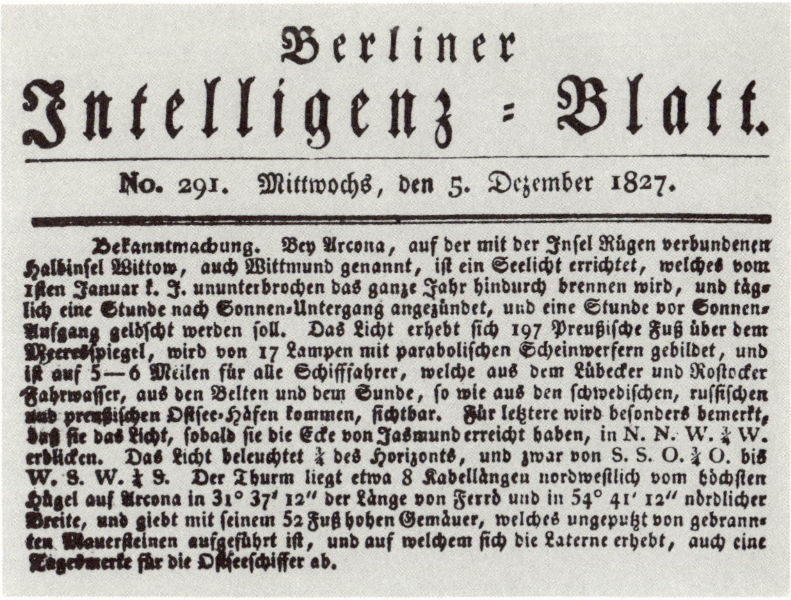

Berliner Intelligenz-Blatt.

No. 291. Mittwochs, den 5. Dezember 1827.

Bekanntmachung. Bey Arcona, auf der mit der Insel Rügen verbundenen Halbinsel Wittow, auch Wittmund genannt, ist ein Seelicht errichtet, welches vom 1sten Januar k. J. ununterbrochen das ganze Jahr hindurch brennen wird, und täglich eine Stunde nach Sonnen-Untergang angezündet, und eine Stunde vor Sonnen-Aufgang gelöscht werden soll. Das Licht erhebt sich 197 Preußische Fuß über dem Meeresspiegel, wird von 17 Lampen mit parabolischen Scheinwerfern gebildet, und ist auf 5—6 Meilen für alle Schiffsfahrer, welche aus dem Lübecker und Rostocker Fahrwasser, aus den Belten und dem Sunde, so wie aus den schwedischen, russischen und preußischen Ostsee-Häfen kommen, sichtbar. Für letztere wird besonders bemerkt, daß sie das Licht, sobald sie die Ecke von Jasmund erreicht haben, in N. N. W. $\frac{3}{4}$ W. erblicken. Das Licht beleuchtet $\frac{3}{4}$ des Horizonts, und zwar von S. S. O. $\frac{3}{4}$ O. bis W. S. W. $\frac{3}{4}$ S. Der Thurm liegt etwa 8 Kabellängen nordwestlich vom höchsten Hügel auf Arcona in 31° 37′ 12″ der Länge von Ferro und in 54° 41′ 12″ nördlicher Breite, und giebt mit seinem 52 Fuß hohen Gemäuer, welches ungeputzt von gebrannten Mauersteinen aufgeführt ist, und auf welchem sich die Laterne erhebt, auch eine Tagesmerke für die Ostseeschiffer ab.

Bekanntmachung über die Einrichtung eines »Seelichts bey Arcona« (Auszug)

weglichen Reflektoren, die mit vier vertikal drehbaren Achsen verbunden waren. Der Franzose Condorcet wies 1773 darauf hin, daß die Zusammensetzung großer Linsen aus ringförmigen Einzelstücken Vorteile bieten würde. So fügte sich Stück für Stück aneinander auf dem langen Weg der Erkenntnisse und der jeweils technischen Möglichkeiten.

Smeaton befaßte sich weiter mit der Vervollkommnung der Steinkohlenbefeuerung und führte 1775 eine Neuerung ein. Er umgab den überdachten Kohlenrost mit einer runden Glaswand und führte durch Windkanäle Außenluft von unten her in regulierbarer Stärke zu. Einen zur damaligen Zeit großartigen Fortschritt bedeutete die Erfindung des französischen Physikers Aimé Argand im Jahre 1782. Er schuf einen Ölbrenner mit verstärktem Licht. Die intensive Lichtwirkung wurde durch doppelte Luftzufüh-

Karte der östlichen Ostsee (1821)

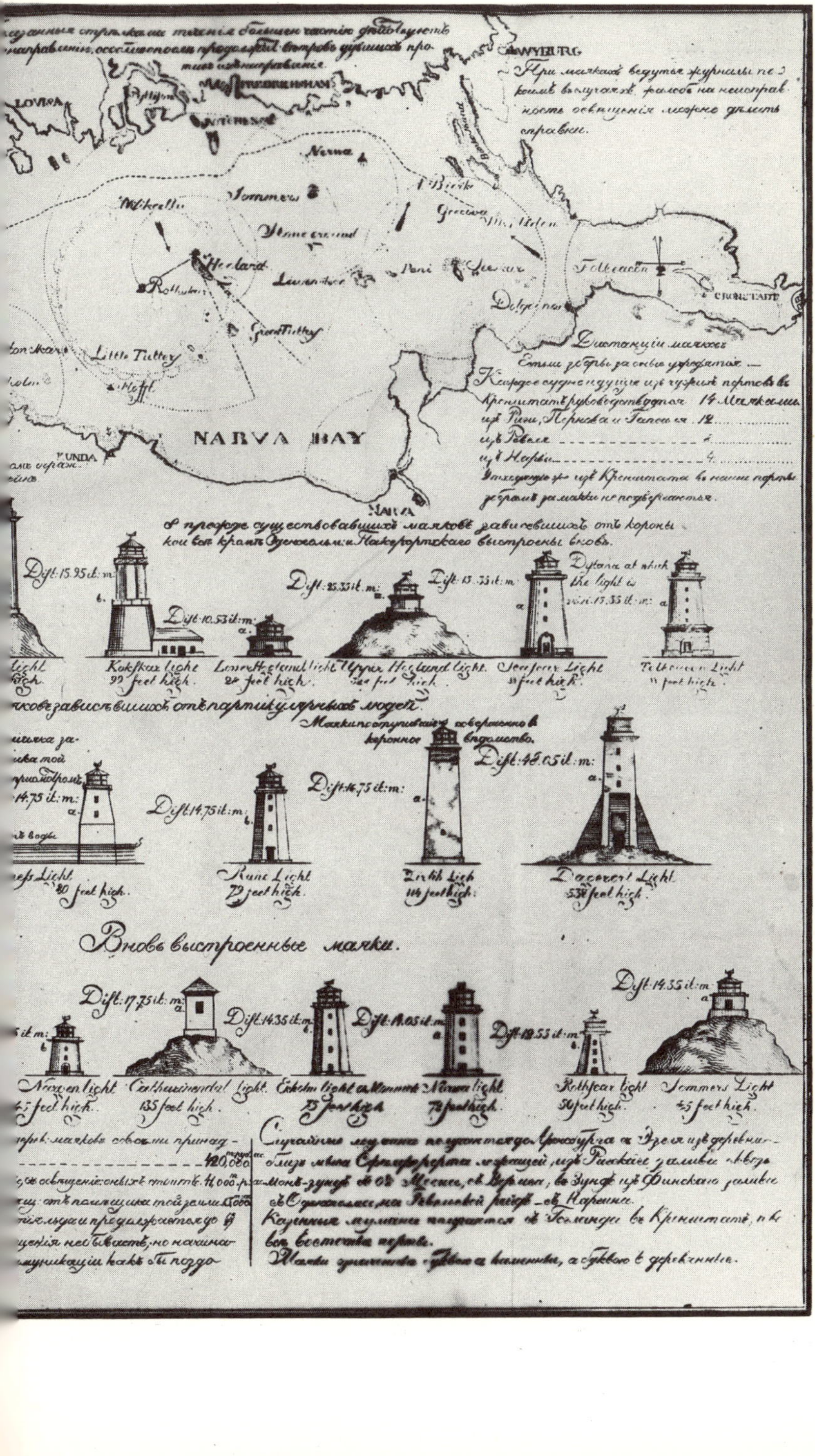

LOVISA
Narva
Sommers
Hogland
Great Tuttey
Little Tuttey
NARVA BAY
KUNDA
NARVA
CRONSTADT
Dist: 15.95 it: m:
Kokskar light
92 feet high
Dist: 10.53 it: m:
Dist: 25.35 it: m:
Dist: 13.35 it: m:
Dist: 14.75 it: m:
Dist: 16.75 it: m:
Dist: 48.05 it: m:
Вновь выстроенные маяки.
Dist: 17.75 it: m:
135 feet high.
Dist: 14.35 it: m:
Dist: 11.05 it: m:
Dist: 12.53 it: m:
Dist: 14.35 it: m:
Sommers Light
45 feet high.

rung erreicht. Der eine Luftstrom gelangte durch einen Hohldocht direkt in die Flamme, der andere, äußere, wurde mit Hilfe eines Zylinders erzeugt, der die Flamme umgab oder umschloß. Das Resultat war ein helles, gleichmäßiges und rußfreies Licht, das anfangs mit Rüböl und etwa ab 1870 mit Mineralöl, vor allem Petroleum, erzeugt wurde. Um 1790 verbesserte Argand seine Erfindung. Er kombinierte seine Öllampe mit den parabolischen Reflektoren von Lavoisier. Sein Ölbrenner brauchte jetzt nicht mehr in einigem Abstand vom Scheinwerfer montiert zu werden. Das Licht konnte man nun ohne Schwierigkeit im Brennpunkt der Parabole fixieren.

1783 setzte der Franzose Teulère die Entwicklungen Lavoisiers fort. Er stellte die ersten großen parabolischen Reflekto-

Kerzenträger des Eddystone-Leuchtturms (1759)

Fünfdochtiger Brenner (ohne Glaszylinder) für herausdrehbare Runddochte

ren (tiefe Hohlspiegel, Scheinwerfer) her und richtete das erste *Gruppenblinkfeuer* ein, indem er Reflektoren benutzte und den Apparat drehte. Ein Jahr später hatten sich die zylindrischen Dochte oder Hohldochte gegenüber den Flachdochten durchgesetzt. Im 19. Jahrhundert kannte man bis zu zehn Arten dieser ineinandergesteckt brennenden Hohl- oder Ringdochte. Ab Ende des 18. Jahrhunderts wurden Scheinwerfer aus Glas und aus versilbertem oder vergoldetem Kupferblech mit einer Öffnung für Glaszylinder hergestellt. Zur Verstärkung der Lichtausbeute wurden die Reflektoren neben- und übereinander angeordnet. Man erreichte damit Tragweiten des Lichtes von etwa 17 Seemeilen.

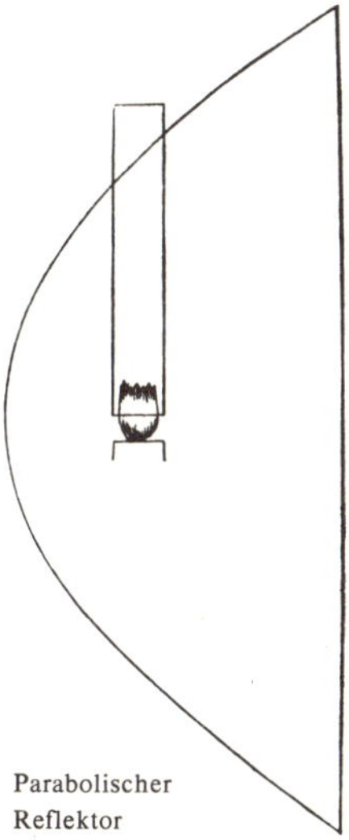

Parabolischer Reflektor

Nachdem der Parabol-Drehfeuerapparat als einsatzsicher galt, wurde in Frankreich, auf Cordouan, der erste parabolische Hohlspiegel der Welt eingesetzt. Das *Dreh- oder Blickfeuer* hatte an jeder seiner vier Seiten drei Parabole. Der Leuchtturm hatte zu der Zeit gerade eine bauliche Veränderung hinter sich. In den Jahren 1788 und 1789 hatte man ihn um 20 Meter erhöht. Sein Aussehen ist bis heute unverändert. Aus seiner Kuppel strahlte 1823 der erste Fresnelsche Apparat sein Licht aus. Das achtseitige Dreh- oder Blickfeuer mit vierdochtiger Lampe zählte zur Kategorie der I. Ordnung.

So umfangreich und wichtig alle diese Neuerungen auch waren, die eigentliche internationale Entwicklung des Leuchtfeuerwesens begann dennoch erst Ende des 18. Jahrhunderts. Bis in diese Zeit gab es eine technische Gleichförmigkeit der Seezeichen in West- und Nordeuropa. Nun aber folgte eine für die internationale Schiffahrt nicht ungefährliche Regellosigkeit und individuelle Entwicklung in der technischen Gestaltung. Nicht überall wirkte ein Organisator des Leuchtfeuerwesens wie Leonti Spafarew in Rußland. Als Seeoffizier war er bis nach Livorno (Italien) gekommen und hatte als Nautiker die bisherige Entwicklung der Leuchtfeuer aufmerksam verfolgt. Im Jahre 1800

Sideral von Bordier-Marcet

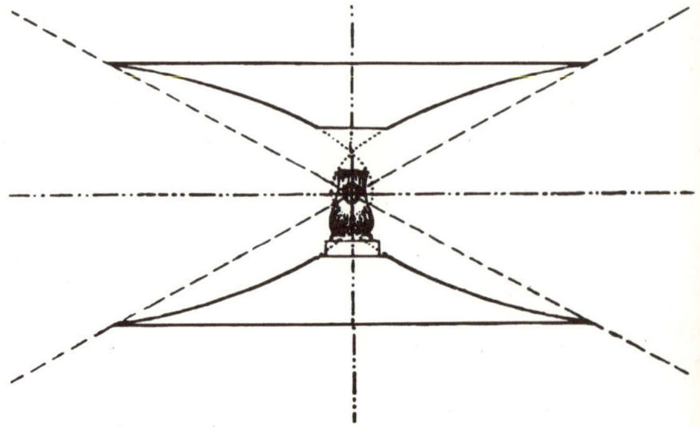

brachte er seine Vorstellungen über die grundlegenden Änderungen der Beleuchtung der Leuchtfeuer und deren Wirkungsweise in Rußland zu Papier, und 1803 wurde er zur Beaufsichtigung aller baltischen Leuchtfeuer Rußlands berufen. Es war auch sein Verdienst, daß 1803 auf dem Leuchtturm Kokskär (Keri) das erste »Lichtoptische System« Rußlands, eine achteckige Laterne mit Öllampen und kupfernen Reflektoren, in Betrieb genommen werden konnte. Als im Jahre 1820 unter der Leitung Spafarews die erste Beschreibung der Seezeichen des Finnischen und Rigaer Meerbusens erschien und drei Jahre später ein Atlas mit allen Leuchtfeuern des Finnischen Meerbusens in mehreren Sprachen veröffentlicht wurde, nahm Rußland im Ostseegebiet in der Sicherstellung der Schiffahrt einen der vorderen Plätze ein.

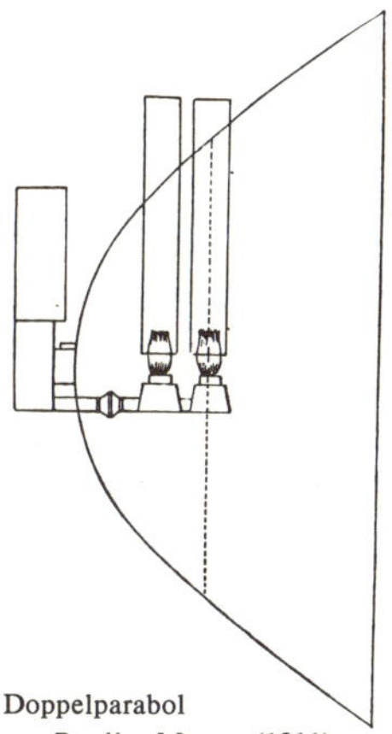
Doppelparabol
von Bordier-Marcet (1811)

Nach der Entdeckung des Leuchtgases wurden u. a. in England Experimente unternommen, die darauf abzielten, diese Stoffe für Leuchtfeuer zu nutzen. Da die Herstellung des Gases anfangs noch recht kompliziert war, verwendete man das Leuchtgas nur in wenigen großen Städten und Häfen. Das erste Leuchtfeuer auf Gasbasis brannte im Jahre 1817 in Italien auf dem Leuchtturm Salvore, etwa 20 Seemeilen von Triest entfernt. Die gleiche Befeuerungsart, allerdings mit Reflektoren, wurde 1819 auf dem Leuchtturm Neufahrwasser eingerichtet.

Gewiß war man der Zeit um einige Jahre voraus, als in Belgien katadioptrisch (lichtspiegelnd und lichtbrechend) wirkende Glaskörper hergestellt wurden, denn ihre praktische Nutzung blieb aus.

Ziehlaterne von Warnemünde, Baujahr 1836

Wenn noch 1807 auf dem englischen Klippenleuchtturm Eddystone 24 Kerzen ohne optische Hilfsmittel brannten, die erst später durch Parabolreflektoren mit Argand-Lampen ersetzt wurden, kann man sich ein Bild vom damaligen Stand der technischen Entwicklung der Leuchtfeuer machen. Da die Schiffahrt in dieser Zeit fast nur feste Feuer kannte und die Parabole sich ihres kleinen Lichtwinkels wegen mehr für Blickfeuer als für feste Feuer eigneten, war man bestrebt, den Lichtwinkel der einzelnen Parabole zu vergrößern. Es war Bordier-Marcet, ein Nachfolger von Argand, der sich dabei verdient machte. Außer dem Doppelparabol entwickelte er das Sideral. »Es wurde dadurch gebildet, daß eine Parabel um eine vertikale durch den Brennpunkt gehende Achse gedreht wurde. Die sich dabei innen überschneidenden Teile der Parabeln fielen fort, an ihre Stelle trat die im Brennpunkt stehende Lampe. Das Sideral bestand also aus einem oberen und einem unteren parabolischen ringförmigen Teil, die sich in jedem durch die vertikale Achse gehenden vertikalen Schnitte zur vollen Parabel ergänzten. Sie mußten also das Licht gleichmäßig über den ganzen Horizont verteilen.« (Veitmeyer, 1900.) Derartige Siderale hatten

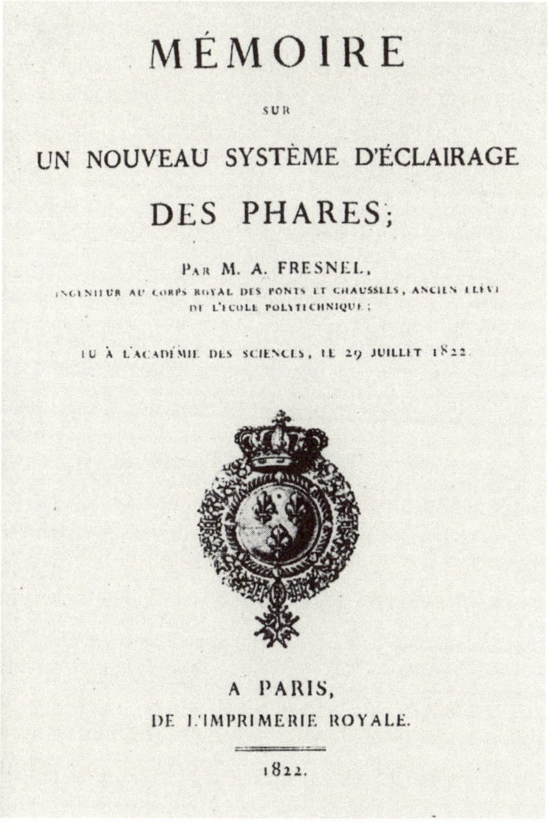

MÉMOIRE

SUR

UN NOUVEAU SYSTÈME D'ÉCLAIRAGE

DES PHARES;

PAR M. A. FRESNEL,

INGÉNIEUR AU CORPS ROYAL DES PONTS ET CHAUSSÉES, ANCIEN ÉLÈVE DE L'ÉCOLE POLYTECHNIQUE;

LU À L'ACADÉMIE DES SCIENCES, LE 29 JUILLET 1822.

A PARIS,

DE L'IMPRIMERIE ROYALE.

1822.

Titelblatt der Fresnelschen Veröffentlichung über den dioptrisch wirkenden Glasapparat als neues Leuchtfeuersystem

Skizze eines Blickfeuers

Fresnel-Blickfeuer I. Ordnung (von Minute zu Minute, alte Anordnung)

Fresnelsches festes Feuer I. Ordnung (alte Anordnung)

Fresnel-Apparat I. Ordnung, achtseitiges Blickfeuer mit verlängerten Scheinen

eine Öffnung von 190 und einen Radius von 174 Millimetern (Ziehlaterne Warnemünde, ab 1836 Steinunterbau mit Metallgerüst). Auch größere Siderale gab es, z. B. als Ziehlaterne auf der Greifswalder Oie (1832–1855) mit 785 Millimeter Durchmesser bei 373 Millimeter Parabelöffnung. Der Däne Contre Admiral P. de Löwenörn, Directeur des Königlich-Dänischen Seekarten-Archivs, bemühte sich um 1824 um eine Verbesserung dieses Sideral-Apparates, doch die Weichen waren bereits schon für eine andere Neuerung gestellt.

Mit der Entwicklung der Parabolfeuer und der Erweiterung der Schiffahrt am Anfang des 19. Jahrhunderts wuchs auch das Bedürfnis, die Feuer voneinander zu unterscheiden, um Verwechslungen auszuschließen und damit Gefahren vorzubeugen. In diesem Sinne beschäftigte sich auch der Schotte Robert Stevenson. Er erfand im Jahre 1811 die bewegliche Blende für aussetzende und wiederkehrende (intermittierende) Feuer. Diese bewegliche Blende, um ein festes Feuer herum angebracht, bestand aus zwei zylindrischen Schirmen, die geöffnet und geschlossen werden konnten. Diese Erfindung blieb jedoch ohne praktische Bedeutung. Dagegen setzten sich die drehenden Parabolfeuer durch. Eines davon richtete Robert Stevenson 1811 auf dem Klippenleuchtturm Bell Rock östlich der Taymündung mit farbigen Sektoren (rot) ein. Bell Rock war auch der erste Leuchtturm, der weit von der Küste entfernt (16,5 km) 1807 bis 1810 auf einem Felsen errichtet wurde. Eine entscheidende Verbesserung bahnte sich 1816 an, als der französische

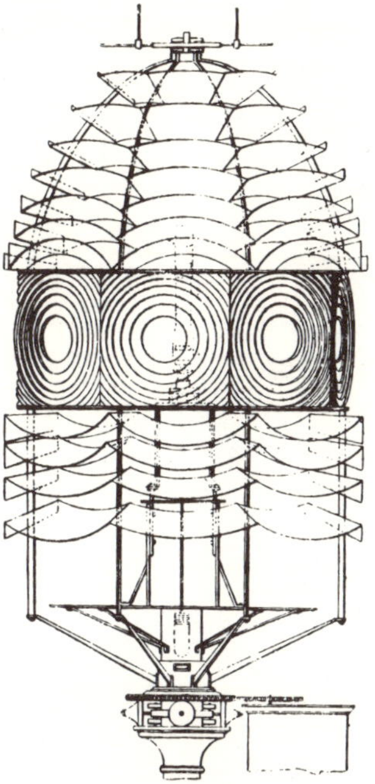

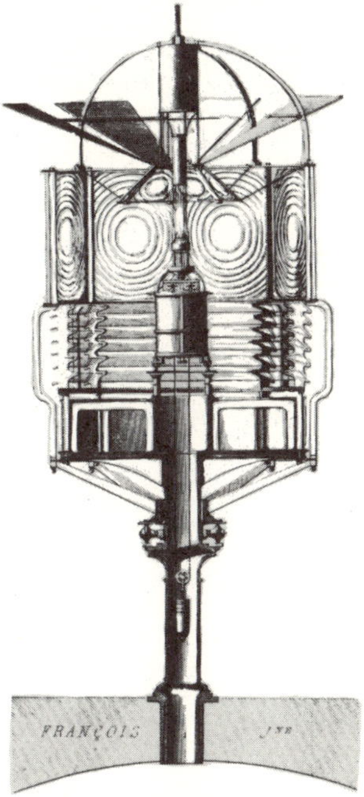
FRANÇOIS

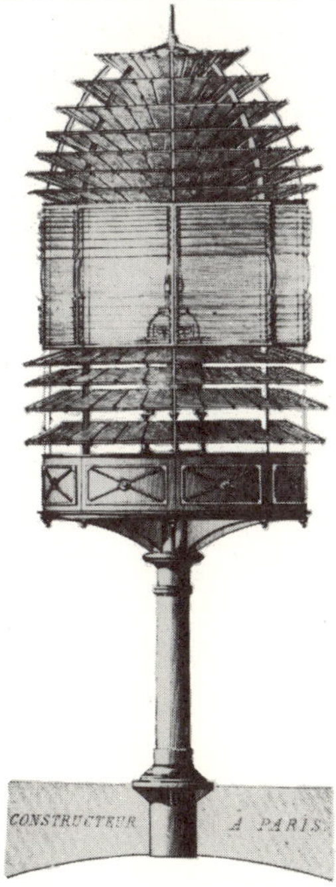
CONSTRUCTEUR
À PARIS

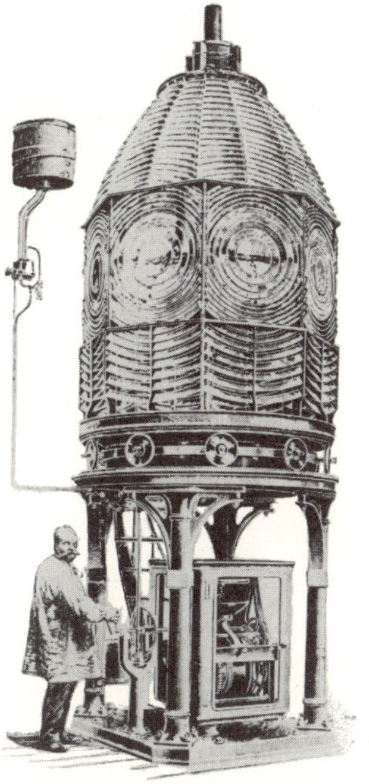

Leuchtturm Darßerort
(erbaut 1848)

Physiker Augustin Jean Fresnel erfolgreich Spiegelversuche anstellte und damit die Richtigkeit der Wellen-Theorie des Lichtes bewies.

Während Fresnel nach seinen wellentheoretischen Studien systematisch die Vervollkommnung der Optik betrieb, waren auch andere Wissenschaftler auf diesem Gebiet tätig. So der Engländer Wigham, der mit Gaslampen Mehrstufenfeuer-Versuche unternahm. Er verwendete Brenner mit 148 einzelnen Flammen. Der Erfinder wollte Voraussetzungen schaffen, um mit dem Licht einer Flamme von recht großem Durchmesser Nebel zu durchdringen. Wigham verwendete bereits am Anfang des 19. Jahrhunderts dieses Prinzip, das bis heute seine Bedeutung nicht verloren hat. Damals setzte es sich allerdings noch nicht durch, die technischen Erkenntnisse waren dafür noch nicht ausgereift.

Im Jahre 1819 erfand der Franzose Cagiard de la Tour die mit Preßluft betriebene Sirene. Damit hatte er eine Möglichkeit gefunden, die noch unzureichenden Lichtquellen im küstennahen Raum akustisch zu ergänzen. Dies hatte eine große Bedeutung, denn nimmt man einem Menschen die Sicht, so ist er ohne andere Mittel recht hilflos. Man braucht nur an die vielen Schiffsunfälle bei dichtem Nebel zu denken. Vor der Erfindung des Luftschallsignalgerätes zur Erzeugung von Tönen großer Schallenergie gab es schon hörbare Seezeichen wie Glocke,

Leuchtturm St. Mathieu, bei Brest (erbaut 1835)

Gong, Trommel, Mundtrompete, Sprachrohr und Nebelhorn mit Handbetrieb.

Doch zurück zu Fresnel. Die Reflektoren der Argand-Parabol-Lampen bildeten, auch wenn sie noch so nahe beieinander standen, einen stumpfen Winkel zueinander, und die Divergenz der Lichtbündel ließ dunkle Zwischenräume entstehen, die mit zunehmender Entfernung vom Leuchtfeuer größer wurden. Diesen Nachteil eines Leuchtfeuers überwand Fresnel. 1820 konstruierte er einen dioptrisch wirkenden Glasapparat, der gürtelförmig um einen einzelnen Lichtpunkt im Zentrum der Laterne angeordnet war (Gürtellinse). Durch strahlenbrechende Linsenkörper (Diopter) wurden die Lichtstrahlen parallel zur Horizontalachse der Lichtquelle gebündelt. Nun stand anstatt der 30 Lampen mit Parabolen eine einzige mehrdochtige Lampe zur Verfügung. 1823 wurde erstmals eine solche als Lichtquelle für das Drehfeuer auf dem Leuchtturm von Cordouan genutzt.

In Deutschland waren es die Leuchttürme Brüsterort (1846) und Darßerort (1848), die als erste mit Fresnel-Apparaten ausgerüstet wurden. Gegenüber den Steinkohlenfeuern sanken die Betriebskosten um zwei Drittel.

Im Jahre 1825 führte Fresnel neben den dioptrischen die katadioptrischen (lichtspiegelnden und lichtbrechenden) Glaselemente ein. Nach seinem Tode im Jahre 1827 führten andere Wissenschaftler die begonnenen Arbeiten fort.

Betrug 1830 die größte Brennweite 0,92 Meter, so erreichte sie 1920 zwei Meter. Zwischen 1830 und 1840 erreichte man mit den Fresnel-Apparaten eine

Französischer Leuchtturm de L' le Vierge (erbaut 1845)

Sichtweite des Feuers von 28 Seemeilen. Selbst bei Nebel wurden bis zu 20 Seemeilen erreicht.

Die Einteilung nach den Ordnungsziffern I bis VI mit den Brennweiten von 920 bis 155 Millimeter wurde 1826 in Frankreich festgelegt und auch von anderen Ländern übernommen. Dieses Ordnungsprinzip ist bis heute gültig.

Um 1750 waren Sichtweiten des Feuers von vier bis sechs Seemeilen eine Errungenschaft. So kam es, daß man 1820 eine Sichtweite von 20 Seemeilen grundsätzlich für ausreichend ansah. Dreh- oder Umlaufblenden, deren Prinzip noch heute gebräuchlich ist, verbesserten ab 1830 die Möglichkeiten der *Kennung* (Identifikation) eines Leuchtfeuers. Auch bei den Lichtquellen versuchte man Neuerungen einzuführen, doch vorerst blieben bahnbrechende Erfolge aus.

Allmählich begannen sich auch Veränderungen an den Baken durchzusetzen. Seit der Hansezeit unterschieden sie sich nur durch ihre Form, ihre Toppzeichen (Fässer, Körbe usw.) und ihren Farbanstrich. Zu Beginn des 19. Jahrhunderts waren hohe »kopflastige« Balkengerüste wohlberechneten *Landmarken* größerer Standfestigkeit gewichen. Damit begann auch die Befeuerung dieser festen Seezeichen. Später wurden die Holzbauten durch Eisenkonstruktionen ersetzt. Erste Leuchttürme aus Gußeisen gab es bereits in den 40er Jahren des vergangenen Jahrhunderts. Meistens waren es kegelförmige Türme, die teilweise auf Pfählen ruhten (bis zu 30 Meter in die Tiefe gerammte Pfähle). Der Molenturm von Neufahrwasser, der 1842 erbaut wurde, soll der erste dieser Art gewesen sein.

Die technische Entwicklung brachte es mit sich, daß sich die Pflichten der *Leuchtfeuerwärter* in der Mitte des 19. Jahrhunderts grundlegend änderten. Die Kohlenfeuer wurden von den Mineralöllichten abgelöst. Von der Leuchtturmbesatzung (2 bis 4 Mann) mußte nun ständig eine Wache gestellt werden. Die Männer auf den Leuchttürmen hatten unter den neuen Verhältnissen genügend zu tun.

Dänisches Leuchtfeuer Vejrø (erbaut 1846)

Sie mußten z. B. die Laternen und die Linsen säubern, die Lampen anzünden und diese von Sonnenuntergang bis Sonnenaufgang warten, bevor sie wieder gelöscht wurden. Die Dochtbrenner mußten reguliert, die Antriebsgewichte für das Drehwerk hochgekurbelt und der Brennstoff in die Kuppel transportiert werden. Aber damit waren ihre Arbeiten nicht erschöpft. Die Leuchtfeuerwärter hatten auch andere Seezeichen, befeuerte Baken, Nebelsignaleinrichtungen oder auch schwimmende Seezeichen zu überwachen. Außerdem oblag ihnen der Dünenschutz. Die Wärter auf den Türmen mitten im Meer hatten es natürlich weitaus schwerer. Abgeschieden und oftmals für viele Wochen auf sich allein gestellt, taten sie ihr Bestes, um den Schiffen den sicheren Weg zu weisen.

Feste Seezeichen in den letzten 130 Jahren

Die Entwicklung und Vervollkommnung der Navigationshilfen ergaben sich aus den immer größer und schneller werdenden Schiffen und aus dem berechtigten Anspruch der Schifffahrt auf Sicherheit auch in Küstennähe.

Mit dem raschen Anwachsen der Dampfschiffahrt, die die Segelschiffahrt verdrängte und den Seeverkehr beschleunigte, begann um 1850 ein Strukturwandel des Seetransportes. Das Bedürfnis nach einer umfassenden, einheitlichen und modernen Kennzeichnung der Schiffahrtsstraßen rückte daher mehr und mehr in den Vordergrund. In diesem Sinne wurden die in den 50er Jahren des 19. Jahrhunderts geschaffenen Signalstationen, die Sturmwarnsignale, die Wassertiefenanzeigen, die Lotsensignale und die Winkbaken an Hafeneinfahrten und auf Molen für die Kursangabe und die Stromrichtung wichtige Navigationshilfen. Von ihnen gab es viele Arten; auch die Zeichen waren von unterschiedlicher Bedeutung. Sogenannte Windsäulen (um 1850) bestanden aus Tafeln mit Buchstaben und Zahlen; sie befanden sich oft neben den Lotsen- oder Leuchttürmen. Zum Signalisieren benutzte man Seetelegraphen oder Semaphore. Dies waren Masten aus Metall mit schwenkbaren Armen. Die Stellung dieser Arme deutete auf Buchstaben oder Zahlen hin. Auf diese Weise geht auch das Signalisieren mit den Winkflaggen vor sich. Viele Häfen hatten Windsemaphore, mit denen die Windrichtung und die Windstärke angezeigt werden konnten. Wenn ein Windrosenpfeil z. B. nach unten zeigte, so hieß das Südwind. Und die deutschen Zeitsignalstationen ab 1875 waren erste »ferngesteuerte« Schiffahrtszeichen. Ein Kabel verband mehrere Zeitsignalstationen an der Küste mit einer mechanischen, später astronomischen, Pendeluhr in Berlin. Täglich um 12.00 Uhr und um 13.00 Uhr fielen dort die hochgezogenen Bälle als Zeitzeichen für die Schiffahrt.

Im Jahre 1857 wurde von Land ein Kabel zum Leuchtturm Hoher Weg im Wattenmeer der Nordsee, 25 Kilometer von Bremerhaven entfernt, verlegt und damit

Leuchtturm Greifswalder Oie (erbaut 1855)

Roter-Sand-Leuchtturm

eine wichtige telegraphische Brücke geschaffen. Über diese Brücke wurden Informationen, wie Schiffsankünfte oder Wettermeldungen für das Seezeichen- und Rettungswesen übermittelt. Trotzdem konnte sich das Personal auf einem Leuchtturm glücklich schätzen, das um die Jahrhundertwende bereits ein Telefon besaß.

Auch die Anzahl der Leuchtfeuer wuchs. Sie erfuhren im Einklang mit der technisch-wissenschaftlichen Entwicklung zahlreiche Verbesserungen. Die Fresnelschen Gürtellinsen wurden durch katadioptrische Linsenkörper in den Feldern ober- und unterhalb der Diopter verbessert. Durch die Brechung der Strahlen parallel zur Achse wurde eine weitere Ausnutzung der Lichtquelle bewirkt.

Die Fresnelschen Apparate setzten sich gegen viele andere Ideen durch. Ob es in Nordamerika auf den Leuchttürmen Petansko-River und Brandywine-Delaware-Bay war, oder in Estland auf dem Leuchtturm Keri, überall traf man auf die Fresnelschen Apparate. Manch ein Leuchtturm wirft sein warnendes Licht noch heute durch die um diese Zeit gefertigten Optiken.

Nachdem die erste brauchbare Glühlampe hergestellt war, stand der weltweiten Nutzung der Elektrizität nichts mehr im Wege. 1858 wurde die Elektrizität in das Seezeichenwesen eingeführt. England speiste in jenem Jahr erstmalig ein Leuchtfeuer (South Foreland) elektrisch. Als 1865 in Frankreich das Leuchtfeuer Cap de la Hère eine elektrische Licht-

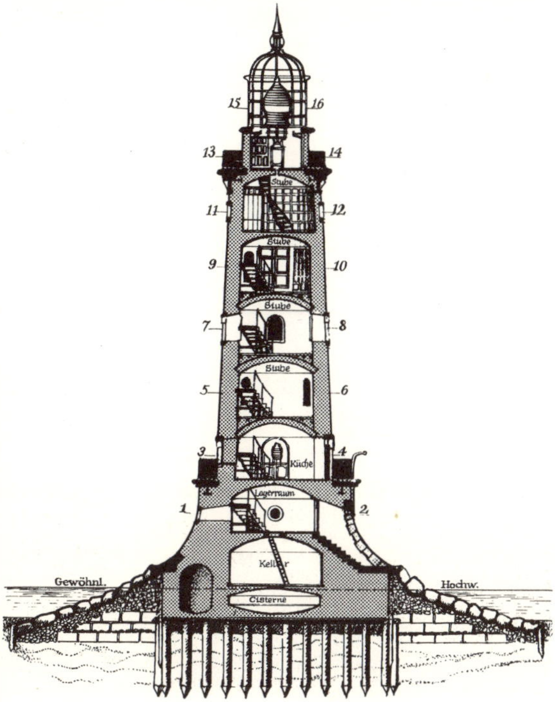

Leuchtturm Hoherweg

quelle erhalten hatte, stellte man fest, daß das elektrische Licht mit dem Fresnelschen Apparat I. Ordnung neunmal stärker war als das Licht zuvor. 1876 erfand der Schwede von Ottern die senkrecht stehenden Jalousie-Klappen (Otternblende), die auf- und zugeklappt werden konnten. Mit Hilfe dieser *Jalousie-Klappen* wurden die unterschiedlichsten Kennungen möglich. In England gab es 1878/79 die ersten Versuche mit *Leuchtbaken.* Ab 1875 begann der Bau von Nebelsignalstationen, und ab 1879 bemühte man sich um die

Gitterturm Campen in der Emsmündung, Höhe 65 m (erbaut 1890)

Leuchtfeuer Anholt, dänische Küste

Verbesserung der Hörweite, der Tonhöhe und des Antriebs. Zu diesem Zweck wurden Maschinenhäuser, in denen Dampf oder Preßluft für Nebelhörner erzeugt wurde, eingerichtet. Neben diesen kostspieligen und aufwendigen Einrichtungen wurden noch bis ins erste Drittel des 20. Jahrhunderts hinein Schiffskanonen, die Warnschüsse abgaben, eingesetzt. Außerdem gab es die *Nebelglocken*, die in Intervallen angeschlagen wurden.

Das Lotsenwesen, die Seenotrettung und die Sicherung der Schiffahrt durch Seezeichen bildeten schon damals einen Komplex von Maßnahmen zur Hilfeleistung. Oft waren Personal und Geräte im selben Gebäude oder aber in unmittelbarer Nähe voneinander untergebracht. Bei Seenotfällen handelte man in der Regel auch gemeinsam, um Menschenleben zu retten und materiellen Schaden abzuwenden bzw. in Grenzen zu halten.

1879 stellte der Amerikaner Thomas

Gußeisenturm, Oberfeuer Pellworm (1907)

Alva Edison die erste praktisch verwendbare Kohlefadenlampe her. Allerdings war er damit jedoch den Möglichkeiten seiner Zeit zu weit voraus, als daß sich diese Erfindung umfassend verbreiten ließ. Jahrzehnte dauerte es noch, bis sich die elektrische Lichtquelle, ob es die Glühlampe oder die Kohlefadenlampe war, gegenüber dem Gasglühlicht durchsetzen konnte.

Vorerst war die Erfindung von Julius Pintsch aus Berlin für das gesamte internationale Seezeichenwesen wegweisend. Er verflüssigte und komprimierte Öl- und Fettgas, welches er aus mineralischen oder pflanzlichen Ölen oder tierischen Fetten hergestellt hatte. Mit diesem erfolgreich erprobten Betriebsstoff konnten Leuchtbaken einige Monate lang ohne jede Bedienung ununterbrochen brennen (um 1880).

Am Ende des 19. Jahrhunderts wurden vor allem in Frankreich die Drehfeuer verbessert. Anfangs dauerte eine Drehung der Feuer für die Fresnelschen Apparate noch 12 Minuten, 1890 waren es nur noch 20 Sekunden. Um exakte Lichterscheinungen, wie kurze und helle Blitzfeuer oder verkürzte Umlaufzeiten der Blenden zu erhalten, mußten die Umdrehungsgeschwindigkeiten der Drehwerke gesteigert werden. Das konnte man jedoch nur erreichen, wenn diese Apparate eine bessere Lagerung erhielten. Mit Hilfe von Kugel- oder Walzenlagern erreicht man heute Drehwerkumdrehungen, die in Bruchteilen von Sekunden Blitze mit großer Lichtstärke erzeugen. Da die elektrischen Lichtquellen noch nicht befriedigten, suchten Wissenschaftler und

Techniker nach weiteren Möglichkeiten, um die Lichtausbeute zu vergrößern.

Aber erst durch die umfassende Einführung elektrischer Lichtquellen wurde es möglich, in ein neues Entwicklungsstadium zu treten. Mit Glasparabolen für Scheinwerfer und Lichtbogenlampen als Lichtquelle (auch als Drehfeuer) wurden um die Jahrhundertwende Tragweiten bis zu 24 Seemeilen gemessen.

Im Einklang mit der Verbesserung der Lichtquellen und der Tragweiten der Leuchtfeuer wurden auch die Bauwerke weiter entwickelt. Neue Baustoffe für die Leuchttürme machten dieselben gegen-

Leuchtturm Swinoujście

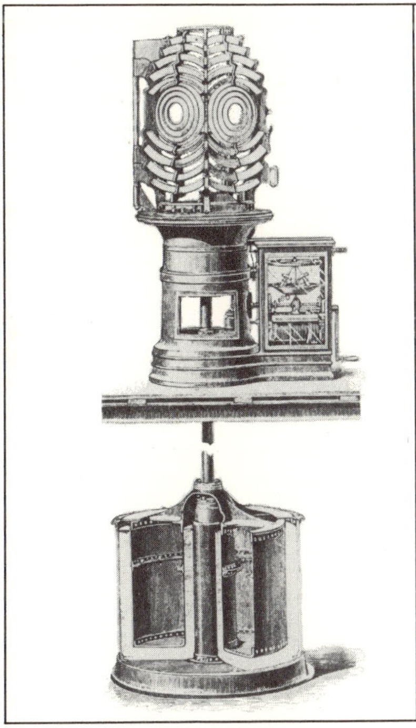

Auf Quecksilber gelagertes, vierseitiges elektrisches Blitzfeuer von 5 zu 5 Sekunden, La Heve (1892)

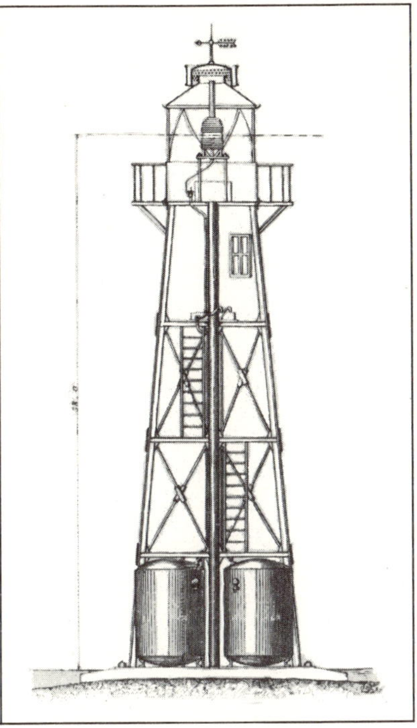

Leuchtbake mit Gasdauerfeuer (1878)

über der See und allen Witterungseinflüssen widerstandsfähiger. Der neue Baustoff Beton begann am Ende des 19. Jahrhunderts im Leuchtturmbau Stein und Eisen zu verdrängen.

Die vielen baulichen und technischen Veränderungen im Seezeichenwesen jener Zeit nährten Vorstellungen und Wünsche nach einem einheitlichen internationalen Seezeichensystem an allen Küsten unserer Meere und Ozeane. Zum ersten Male in der Entwicklungsgeschichte der Seezeichen wurde dann auch 1889 eine diesbezügliche Konferenz in Washington abgehalten. Allerdings konnten die Ergebnisse, mit heutigen Augen gesehen, natürlich noch nicht befriedigen. Aber schon eröffneten sich neue Horizonte, neue Möglichkeiten: die drahtlose Telegraphie begann ihren Siegeszug. Die ersten Versuche, die drahtlose Telegraphie für das Seezeichenwesen zu nutzen, verliefen erfolgreich. Am 24. 12. 1898 wurde mit einer Markoni-Station vom Leuchtfeuer South Foreland (England) zum Goodwin-Feuerschiff, das zehn Seemeilen entfernt lag, eine Verbindung hergestellt.

Die Funktechnik entwickelte sich in der Schiffahrt schnell weiter. Es dauerte nicht lange, und die ersten Sendeanlagen für *Funkfeuer* (Drehfunk- und auch Richtfunkfeuer) mit entsprechenden Kennungen fanden Eingang in das Seezeichenwesen. Gleichzeitig begann man, die Leuchtfeuerquellen zu verstärken, günstige Betriebsstoffe herauszufinden, die Leuchtfeuerbauwerke so nahe wie möglich am Schiffahrtsweg aufzustellen und neuerdings die Technik zu automatisieren und fernzusteuern.

Leuchtfeuer Harilaid, Estnische SSR (erbaut 1940)

Neben dem Bedürfnis, wissenschaftlich-technische Neuheiten einzuführen, stand von Anbeginn an das Streben verschiedener Nationen nach einheitlichen Richtlinien. In Deutschland schuf man 1904 eindeutige Kennungs- bzw. Charakteristik-Definitionen für Leit- und Richtfeuer. Richtfeuer bestehen noch heute aus den zwei hintereinanderstehenden Leuchtbaken (*Ober- und Unterfeuer*, nachts mit gleichgängigem Licht), die in Linie (in Deckpeilung gebracht) die Fahrwasserachse oder die tiefste Rinne markieren. Das *Leitfeuer* hat eine Warnfunktion. Das rote und grüne Licht sowie das mit Kennung ausgestrahlte Licht sind in Sektoren gegliedert. *Quermarkenfeuer* zeigen den Kursänderungsbereich an, und Uferfeuer

Leuchtturm Bremerhaven, errichtet 1855, Höhe 37 m

Unbemannter Eisenturm, Leuchtfeuer Gellen, Höhe 11 m (1905)

haben bei entsprechender Anzahl eine *Torfeuerwirkung*. *Hafenfeuer* weisen dem Seemann den sicheren Weg in den Hafen. Einlaufend an Backbord (links) rote und an Steuerbord (rechts) grüne Lichter.

Zwar bemühten sich alle Schiffahrtsländer, ihre Hafeneinfahrten so sicher wie möglich auszuleuchten, doch die Wartung der Leuchtfeuer war ein Problem, die Feuer mußten ständig kontrolliert werden. Bei den Leuchtbaken war das nicht anders. Eine Lösung dieses Problems bestand in der Möglichkeit, die Leuchtfeuer und Leuchtbaken automatisch zu betreiben. 1906 hatte es der Schwede Gustaf Dalén geschafft und sein Forschungsziel erreicht: Das erste automatische Leuchtfeuer der Welt, das Gåsfeten-Leuchtfeuer auf einer Insel im Kalmar Sund, brannte unbewacht, mit einem Azetylengasblinker ausgerüstet, sechs Monate lang ohne Ausfall. Bei der ventilgesteuerten Blinkvorrichtung wurde der Gasdruck ausgenutzt. Dalén hatte sie mit einem Sonnenventil versehen (Veränderung von Metallkörpern durch die Wärme der Sonnenstrahlen),um einen unnötigen Gasverbrauch am Tage zu vermeiden. Für diese technische Pioniertat wurde der Erfinder mit dem Nobelpreis geehrt. Kleine unbemannte eiserne Türme für Gasfeuer wurden danach überall gebaut. Gasfeuer standen hoch im Kurs. Der Leuchtturm Keri an Estlands Küste wurde sogar mit

Leuchtturm Timmendorf auf der Insel Poel

Polnischer Leuchtturm Rozewie (1977), heutige Turmhöhe 33 m, Feuerhöhe 82m (1822 erbaut, 1910 um 5 m erhöht, 1978 um 7 m aufgestockt)

Erdgas gespeist. Erste Schritte von der mechanischen zur elektrischen Automatik ging man 1925. Etwa in die gleiche Zeit fielen auch die Anfänge der Fernsteuerung. Man verwendete dazu elektrische Zündkabel zur Steuerung von Gasventilen. Erstmals wurde es möglich, in einer Zentralstelle Schaltvorgänge einzuleiten und Ober- und Unterfeuer gleich-

Emblem der Internationalen Gesellschaft der Seezeichenbehörden

gängig blinken zu lassen. Nach Versuchen war es Ende der 20er Jahre gelungen, Lampenumschaltvorrichtungen zu bauen, die bei Ausfall der elektrischen Energie oder beim Durchbrennen der Glühlampen selbsttätig eine Ersatzglühlampe oder eine Flüssiggaslampe in den Brennpunkt bringen und durch Überwachungsvorrichtungen (Schwachstromklingelanlagen) den Wärter benachrichtigen. In dieser Zeit waren viele Leuchtfeuerstationen mit Maschinenanlagen und Telefonverbindungen ausgerüstet. Von einer besetzten Stelle aus wurden die Leuchtfeuer überwacht. Um auch den Teil der elektrischen Energie zu erfassen, der nicht genutzt wurde, wurden in den 30er Jahren Kugelspiegel oder Rückengläser verwendet, das sind Ellipsoidspiegel, im Rücken der Leuchte aufgestellte Glaskörper. Die Kugelspiegel aus Kupfer oder Messing wurden versilbert, vernickelt oder verchromt. Teilweise bestanden sie auch aus Neusilber. Diese Spiegel bewirkten einen Gewinn an Leuchtdichte von 80%. Bei der Erzeugung von farbigem Licht orientierte man sich nicht mehr auf eine Farbgebung der Lichtquelle. Nicht die Lichtquelle, sondern eingebautes gefärbtes Glas (Farbscheiben oder Farbzylinder) sollte danach zur Filterung des weißen Lichtes und damit zur farbigen Kennzeichnung der Leuchtfeuer genutzt werden. Da nur bestimmte Lichtstrahlen das gefärbte Glas durchdringen, muß beachtet werden, daß die Tragweite der einzelnen Feuer unterschiedlich ist. Eine zeitgemäße Schalttechnik machte es 1937 möglich, daß bei Netzausfall ein Dieselaggregat automatisch gestartet wurde.

Fragen der Schiffssicherheit und der Befeuerung der Küstengewässer standen nicht nur vor einem Land. Sie hatten internationale Bedeutung und konnten nur auf dieser Ebene geregelt werden. 1929 fand daher in London die erste Seezeichenkonferenz statt. Ein Resultat dieser 1. Internationalen Seezeichenkonferenz war u. a. das 1. Seefunkfeuerabkommen im April 1931. Ein Abkommen über die einheitliche Betonnung auf See vom Mai 1936 (Genf) betraf die Darstellung und den Einsatz fester und schwimmender Seezeichen außer Leuchttürmen und Feuerschiffen. Hatte man bisher die Schiffahrt durch abgefeuerte Warnschüsse, durch das Läuten von Glocken und durch Feuerzeichen auf Gefahren aufmerksam gemacht, Methoden, die auch heute noch üblich sind, so boten sich in unserem Jahrhundert noch andere Möglichkeiten an, z. B. *Nebelsignalstationen*, zunächst Glocken, später elektrische Membransender, Nebelhörner, Sirenen- und Wasserschallsignale. Bevorzugt wurden die mit Preßluft betriebenen Kolbensirenen. Sie waren anderen Geräten der Signalerzeugung überlegen. Aber trotz guter Ergebnisse suchte man ununterbrochen nach neuen Schallquellen, um die Schiffahrt noch sicherer zu machen. Denn oft bot der für die Navigation wichtigste Orientierungspunkt nicht den geeigneten Baugrund für die Schallquelle, oder die erforderliche Fläche für die Maschinenstation reichte nicht aus. Die Rohrleitungen für die Preßluft können nicht beliebig lang sein. Mängel wie Dämpfung, Verzerrung der Morsezeichen, Energieverluste und Störungsemp-

Leuchtturm Wangerooge, Höhe 64 m (erbaut 1967)

findlichkeit sind ab einer bestimmten Entfernung zwischen Schallsender und Energieerzeuger nicht mehr zu vermeiden. Wie bei den Leuchtfeuern hielt die Elektrizität auch bei den Nebelsignalstellen ihren Einzug. Die Verlegung von Kabeln macht keine besonderen Schwierigkeiten.

Damit begannen sich in den 20er Jahren elektrische, wartungsfreie Membranluftschallsender durchzusetzen. Die elektrische Energie bringt dabei eine Membran in Schwingungen, die als Schallschwingungen über einen Trichter nach draußen geleitet werden. Um 1937 hatte diese neue Technik den Kolbensirenen endgültig den Rang abgelaufen. Der Grund dafür waren nicht nur Vergleiche zwischen den beiden Luftschallsendemöglichkeiten, die zugunsten der Elektromagnetsender ausfielen, sondern vor allem der geringere Energieverbrauch bei gleicher Tragweite des Schalls, die geringeren Anschaffungs- und Betriebskosten sowie die präzisere Steuerung der Signale.

Nach dem zweiten Weltkrieg hielt auch die RADAR-Technik Einzug in das Seezeichenwesen. Aktive RADAR-Ziele, sogenannte *Antwortbaken* mit Sender und Empfänger, oder auch Baken mit einem Sender (zur Peilinformation) sind in den Ballungsgebieten der Schiffahrt, speziell vor Häfen, nicht mehr wegzudenken.

Eine zweite Möglichkeit für die RADAR-Technik im Seezeichenwesen sind der Beobachtungsdienst und die Leiteinrichtungen für zu sichernde Einfahrten und Schiffswegstrecken. Anfangs noch an Land eingerichtet, befinden sich solche Seezeicheneinrichtungen heute auch schon im Meer. Der Vorteil einer derartigen Überwachung des Seeraumes wurde durch den Einsatz der Funktechnik besonders sichtbar. Erst der moderne UKW-Sprechfunkverkehr bietet den Schiffsführern Möglichkeiten, sich ständig und schnell von den Verkehrsleiteinrichtungen über die Positionen ihrer Schiffe, über die Fahrwasser- oder andere Besonderheiten für die sichere Schiffsführung informieren zu lassen.

Die Zunahme des seewärtigen Handels, das gestiegene Sicherheitsbedürfnis der Seeschiffahrt und nicht zuletzt die neue-

Eddystone-Leuchtturm mit Hubschrauber-Landeplattform

Leuchtturm Alte Weser

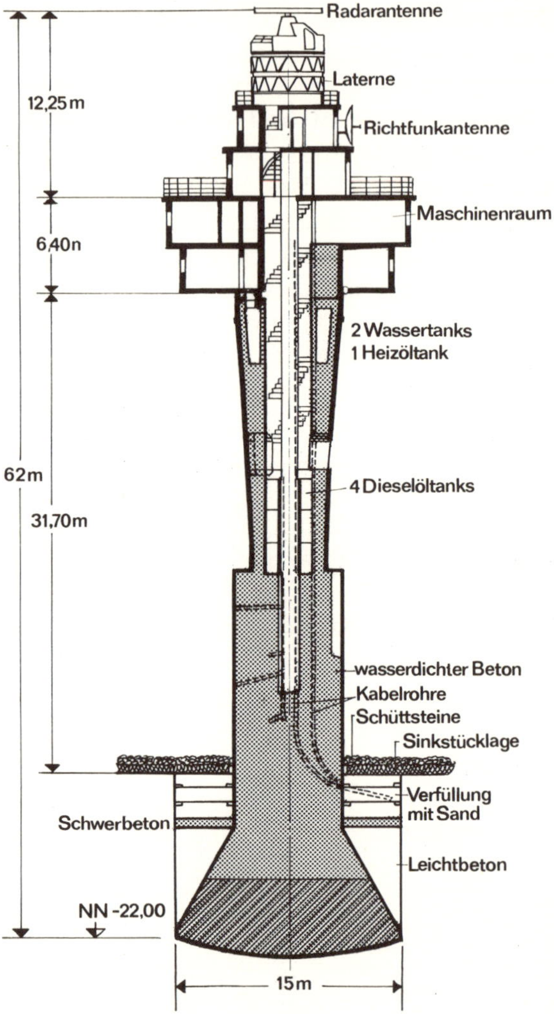

sten Erkenntnisse von Wissenschaft und Technik zu nutzen, haben immer wieder deutlich gemacht, wie notwendig internationale Vereinbarungen auch im Seezeichenwesen sind. Obwohl schon 1929 die erste Seezeichenkonferenz stattfand und danach weitere folgten, wurde 1955 auf der 5. Konferenz über Leuchtfeuer und andere Seezeichen im niederländischen

Scheveningen der technische Austausch als unzureichend charakterisiert. Es wurde daher am 1. Juli 1957 ein ständiges Generalsekretariat mit zentralen Archiven und Bibliotheken in Paris eingerichtet. Diese neue Vereinigung nennt sich »Internationale Gesellschaft der Seezeichenbehörden« (»The International Association of Lighthouse Authorities« – Abkürzung: I. A. L. A.) und betont in ihrem Gründungsdokument, eine nicht regierungsgebundene Organisation zu sein. Hauptziele der I. A. L. A. sind:

- Zusammenfassung der Seezeichenbehörden aller Länder zum Austausch von Meinungen über die wichtigsten technischen Probleme;
- Information über die Arbeiten der Seezeichenbehörden der verschiedenen Länder mit der Absicht, Erfahrungen und Kenntnisse auszutauschen;
- Förderung, Unterstützung und Vermittlung von Forschungsergebnissen und Erfindungen, die im Seezeichenwesen verwendet werden können.

Leitmotiv dieser Gesellschaft ist der Ausspruch: »Navigation soll für alle Schiffe immer einfacher und sicherer werden!« Dem dient auch das *Fernwirksystem.* Von einer Schaltzentrale wird der automatische Betrieb der Seezeichen überwacht und gesteuert. Lichtinformationen oder akustische Warnungen teilen dem Schaltwart in der Schaltzentrale Veränderungen oder Kontrollbestätigungen mit. Ausfälle von Leuchtfeuern, Nebelsignalanlagen oder Funkfeuern werden angezeigt. Abgefragte Funktionstüchtigkeiten von Notstromaggregaten, Heizungen und Türverschlüssen werden quittiert. Auch Brandgefahr oder Temperaturanstieg sind im Tableaunachweis enthalten. Zusätzlich sind automatische Schreibgeräte diesem Komplex angeschlossen. Wichtige Teile oder solche, die nur eine begrenzte Lebensdauer haben, sind doppelt vorhanden und werden bei Ausfall als Reserveanlage automatisch in Betrieb genommen.

Viele neue Leuchttürme sind nicht allein mit modernen technischen Anlagen ausgerüstet. Zum Teil verfügen sie über Plattformen, auf denen Hubschrauber landen und starten können. Frankreich

Oberteil des Leuchtturms Alte Weser auf dem Transport

Leuchtturm Alte Weser (erbaut 1963)

setzte für Routinearbeiten auf Leuchttürmen im Meer 1961 erstmals Hubschrauber ein. Die seezeichentechnische Entwicklung wurde 1962/1963 mit dem ersten vollautomatischen Leuchtfeuer Kalkgrund (BRD) weiter vervollkommnet. Die Automation und Rationalisierung fand auch im Seezeichenwesen Eingang, und als 1963 elektronisch arbeitende, auf Lufttrübung reagierende Meßgeräte in den automatischen Betrieb der entsprechenden Signalanlagen eingeführt wurden, war ein weiterer wichtiger Schritt in diese Richtung getan.

Bemerkenswert sind auch die Tragweiten der Feuer. Das Drehfeuer auf Helgoland, zu dem eine Xenon-Hochdrucklampe gehört, ist mit seiner Scheinwerferlinse bei normalem Wetter 27 bis 28 Seemeilen zu sehen. Auch Australien geht neue Wege. So war 1971 der erste erfolgreiche Einsatz der Lasertechnik auf

Leuchtturm Großer Vogelsand (erbaut 1974)

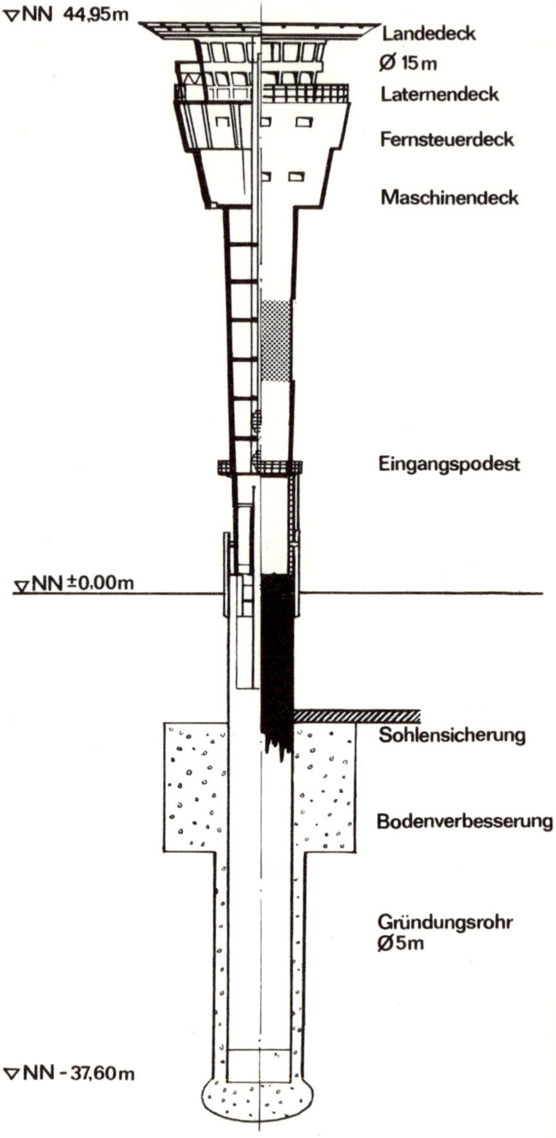

einem Seezeichen dieses Erdteils vorerst noch als ein interessanter Versuch anzusehen. Die australische Seezeichenbehörde stellte fest, daß das von einer Laserlichtquelle erzeugte Licht beim Durchgang durch Nebel, Dunst oder Regen weniger abgeschwächt wurde als herkömmlich erzeugtes Licht. Die Differenz betrug etwa sechs Seemeilen.

Die seit den 60er Jahren angestrebte Automatisation des Seezeichenwesens schloß darin auch die Seezeichenbauwerke ein. Um die Mitte der 50er Jahre gab es nur verhältnismäßig geringe Fortschritte im Bakenbau. Neben den Bauwerken und Gerüsten aus Mauerwerk und Holz verwendete man zum Bau Betonringe, verzinktes Stahlrohr und Aluminium. Im Leuchtturmbau gab es allerdings noch keine Neuerungen. Das änderte sich ab 1960. Erfolgreich werden seit dieser Zeit Leuchttürme ins Meer »gepflanzt«. Das sogenannte Gründungsrohr sackt beim Einspülen durch sein Eigengewicht auf die gewünschte Tiefe. Anschließend wird das Gründungsrohr mit Beton ausgefüllt. Die »Großrohrgründung« wurde bei vielen Neubauten im Meer angewendet (z. B. bei dem Leuchtturm Großer Vogelsand).

Ein anderes Prinzip, Leuchttürme im Meer zu errichten, ist die »Schwimmkastengründung«. Ein Betonkasten, wird dabei auf der gewählten Position abgesenkt und mit Sand gefüllt. Auf diesem Betonkasten wird dann der Leuchtturm errichtet.

Es ist heute auch überhaupt nicht mehr ungewöhnlich, wenn an Land auf einer Werft vorgefertigte Leuchttürme mit Hubinseln oder Großschwimmkränen auf Position gebracht und mit entsprechender Einspültechnik, kilometerweit vom Ufer entfernt, im Wasser errichtet werden.

So wie andere Bauwerke, müssen auch die Leuchttürme und Baken regelmäßig gewartet und saniert werden. Für die Oberflächenbehandlung gibt es mehrere Möglichkeiten, so werden z. B. Lack-Anstriche, Kacheln mit Dehnungsfugen, Asbestzementplatten, Kunststoff, Aluminium oder Glasbausteine angebracht.

Leuchttürme, errichtet an den Küsten und im Meer, sind in ganz besonderer Weise den meteorologischen Einwirkungen ausgesetzt. Wind und Wellen, Hitze und eisige Kälte sind es, mit denen Mensch und Material fertig werden müssen. Zur Winterszeit müssen u. a. die Laternenscheiben der Leuchttürme beheizt werden, damit diese Scheiben nicht vereisen und die Lichtausbeute nicht beeinträchtigt wird. Da sich die meteorologische Sichtweite häufig und manchmal recht schnell ändert, müssen die Leuchttürme auch mit neuen Sichtmeßgeräten ausgerüstet sein. Bei derartigen Sichtmeßgeräten ist, abhängig von der jeweiligen Sichtweite, eine Stufenschaltung der Feuer möglich.

Neben diesen *Mehrstufenfeuern* dienen auch die RADAR-Systeme zur Aufrechterhaltung des Schiffsverkehrs bei verminderter Sicht.

Die neuesten Erkenntnisse und ihre praktische Umsetzung sind heute so weit gereift, daß es möglich ist, RADAR-Bilder über Richtfunk oder Kabel als Video-Übertragung an RADAR-Zentralen zu geben.

»Einheitsradartürme« bis zu einer Höhe von 30 Metern, deren Technik nach dem Baukastensystem (Technik im Container zum schnellen und unkomplizierten Austausch) installiert wird, sind heute an gefährlichen Küsten und vor schwer

Leuchtturm Tallinn, erstes kernkraftgetriebenes Leuchtfeuer der Welt (erbaut 1970)

befahrbaren Hafeneinfahrten keine Seltenheit mehr. Möglich ist es auch, einzelne Schiffsobjekte, besonders solche mit gefährlichen Gütern, rechnergesteuert zu überwachen und zu lenken. Auch RADAR- und Peilketten, die ebenfalls zum System der Schiffahrtszeichen gehören, unterstreichen, daß die Seezeichen als ehemalige Orientierungshilfen heute eine

verkehrslenkende Bedeutung erhalten haben. Diese *verkehrslenkenden Einrichtungen* benötigen natürlich Energie, viel Energie. Wie überall in unserem Leben, wird auch hier danach gestrebt, neue Energiequellen zu erschließen. Und so wird seit mehreren Jahren z. B. der Leuchtturm vor Tallinn mit Kernenergie betrieben.

In über zwei Jahrtausenden hat sich das Leuchtfeuerwesen aus unscheinbaren Anfängen zu einem riesigen Verkehrssicherungssystem entwickelt. Das Leuchtfeuer, das »rettende Licht«, wird auch künftig für die Sicherheit der Schiffahrt von Bedeutung sein. An den Küsten, vor Flußmündungen oder auf Inseln werden moderne Leuchttürme von morgen den Schiffen den Weg weisen. An den Kreuzungs- und Abzweigungspunkten der Kurs- und Richtungswege werden sie stehen, als Ablösung der Feuerschiffe und Leuchttonnen. Und mehr und mehr ersetzen unbemannte Leuchtfeuer die bemannten. Ständig besetzte Schaltzentralen für ganze Gruppen von Leuchtfeuern werden zu einem großen Teil die Arbeit der Blüsenmeister, Feuerwärter und Leuchtfeuermaschinisten übernehmen.

Wohl verschwindet damit ein letzter Hauch von Romantik, doch die Sicherheit auf See wird ganz gewiß zunehmen.

Literaturverzeichnis

Basis, L.: Leuchttürme und Leuchtturmbauten. In: Morskoi Sbornik. Moskau 1974

Brustat-Naval, F.: Lichter über dem Meer. Wiesbaden 1969

Di Ciolo, G.: Rivista Marittima. Rom 1984

Jacoby, G.: Aus der Geschichte der Leuchtfeuer und Seezeichen. Kiel 1929

Klug, P.: Rettende Lichter. In: Jahrbuch der Schiffahrt. Berlin 1973

Lang, A.W.: Entwicklung, Aufbau und Verwaltung des Seezeichenwesens an der deutschen Nordseeküste bis zur Mitte des 19. Jahrhunderts. Bonn 1965

Luige, A.: Eesti Tuletornid. Tallinn 1974

Luttermann, H.J.: Leuchtturm Warnemünde. Berlin – Leipzig 1977

Luttermann, H.J, u. K. Steinbach: Leuchtfeuer, Tonnen und Baken. Rostock 1979

Maslennikow, B.: Der Begründer des Leuchtfeuerwesens Rußlands. In: Sowjetskaja Estonia. 1977

Meyer, G.: Die Entwicklung des deutschen Seezeichenwesens. Berlin 1929

Veitmeyer, L.A.: Leuchtfeuer und Leuchtapparate. München und Leipzig 1900

Veitmeyer, L.A.: Die Seefeuer – Leuchtthürme und Leuchtschiffe – der deutschen Küsten. Berlin 1889

Zamarovský, V.: Auf den Spuren der sieben Weltwunder. Prag 1975

Zemke, F.K.: Deutsche Leuchttürme einst und jetzt. Herford 1982

Abbildungsnachweis

Bibliothek des Seehydrographischen Dienstes der DDR, Rostock / Universitätsbibliothek Rostock / Stadtarchiv Rostock / Verlag Eesti Raamat, Tallinn / P. Seemann, Rostock / H. J. Luttermann, Rostock / C. Rothe, Stralsund / A. Luige, Tallinn / V. Salmre, Tallinn / W. Eschenburg, Warnemünde / Verlag R. Oldenburg, München und Leipzig / F.-A.-Brockhaus-Verlag, Wiesbaden / F. K. Zemke, Eckernförde / A. W. Lang, Bonn / Trinity House Lighthouse Service, London / Architectural History Division. National Historic Parks and Sites Branch, Ottawa / Service des Phares et Balises et de la Navigation, Paris / Stato Maggiore della Marina. Ispettorato dei Fari e Segnalamenti Marittimi, Rom / Farvandsdirektoratet, Kopenhagen. Bei einigen Bildquellen war es nicht möglich, die Bildgeber zu ermitteln.

ISBN 3-356-00036-5

2. Auflage 1990
Lizenz-Nr. 391
Printed in the German Democratic Republic
Ausstattung: Eberhard Kahle
Lichtsatz: Karl-Marx-Werk Pößneck V 15/30
Druck und Binden: Grafische Werke Zwickau
Bestell-Nr. 522 800 9

Der Autor dankt allen Institutionen und Einzelpersonen, die ihm mit Rat und Tat zur Seite standen.

Die Bildvorlagen stammen zum Teil aus Privatsammlungen und haben in einigen Fällen historischen Wert. Autor und Verlag bitten um Verständnis, wenn die Bildqualität nicht immer den Anforderungen genügt.

Luttermann, Hans-Joachim:
Blüsen, Baken, Feuertürme / Hans-Joachim Luttermann. – 1. Aufl. – Rostock: Hinstorff-Verl., 1986. – 80 S.: zahlr. Ill. (z. T. farb.) – (Maritime Miniaturen)

Nidingen 1635

Djursten 176

Wipp-Feuer 1560

Isle of May 1635